buch & media

Thomas Bruckmann wurde 1962 in München geboren. Seine Schulzeit verbrachte er im humanistisch geprägten Umfeld des Benediktinerklosters Schäftlarn. Hier wurde schon früh sein tiefes Interesse für antike Philosophie und Mythik geweckt. Nach dem Jura- und Theologiestudium widmete er sich viele Jahre der Ausbildung junger Menschen am Gymnasium. Die intensive Auseinandersetzung mit philosophischen und anthropologischen Fragestellungen bewegte ihn schließlich zu einem ersten Roman. Spürbar wird seine ambivalente, aber nie gebrochene Liebe zum Menschen. Ebenfalls bei buch&media erschienen ist sein Erzählband »Viertelgeschichten« (2017). Thomas Bruckmann lebt heute in München.

Thomas Bruckmann

AMSOA

buch & media

Weitere Informationen über den Verlag und sein Programm unter: www.buchmedia.de

Juni 2017

Umschlaggestaltung: Johanna Conrad, unter Verwendung einer Fotografie von Thomas Bruckmann, München
Printed in Germany
ISBN print 978-3-95780-089-3
ISBN PDF 978-3-95780-090-9
ISBN ePub 978-3-95780-091-6

INHALT

7 . . . . . . Kapitel 1 Cécile

10 . . . . . Kapitel 2 Mark

17 . . . . . Kapitel 3 Maieutik

19 . . . . . Kapitel 4 Frank v. Wilmots

23 . . . . . Kapitel 5 Das Hausboot

27 . . . . . Kapitel 6 Ängste

31 . . . . . Kapitel 7 Briefe

40 . . . . . Kapitel 8 Freunde

50 . . . . . Kapitel 9 Gespräche im Baumhaus
Gespräche im Baumhaus Teil I
Gespräche im Baumhaus Teil 2

53 . . . . . Kapitel 10 Das Amsoa

67 . . . . . Kapitel 11 Zwei Probleme
Gespräche im Baumhaus Teil 3
(Letzter Tag)

72 . . . . . Kapitel 12 Überraschung

76 . . . . . Kapitel 13 Zwei Briefe

86 ..... **Kapitel 14** Spaziergang

93 ..... **Kapitel 15** Wachstum

95 ..... **Kapitel 16** Klostergespräch

97 ..... **Kapitel 17** Stopera

101 .... **Kapitel 18** Vorspeisen

104 .... **Kapitel 19** Raserei

105 .... **Kapitel 20** Diagnosen

107 .... **Kapitel 21** Wartende

113 .... **Kapitel 22** Wiedervereinigung

115 .... **Kapitel 23** Materialismus

123 .... **Kapitel 24** Alles Theater

140 .... **Kapitel 25** Spiel und Fantasie

161 .... **Kapitel 26** Hochzeit

168 .... **Kapitel 27** Das Fest

176 .... **Kapitel 28** Maria ...

182 .... **Kapitel 29** ... und Pater Paulus

Kapitel 1

CÉCILE

NOCH IMMER PRÄGT das Rijksmuseum das Stadtbild des südwestlichen Amsterdams. Das auffällige, neogotische Backsteingebäude trotzte in all den Jahren erfolgreich den Versuchen modernerer Architektur, ihm seinen Platz streitig zu machen.

Ein paar Straßen entfernt sieht man eine junge Frau, wie sie verträumt und abwesend auf das Museum zustrebt – oder sollte man sagen, schwebt? Ihr Äußeres und ihre ganze Ausstrahlung lassen sie wie von einem Kokon umgeben erscheinen. Niemand würde auf die Idee kommen, ihren Blick zu suchen oder gar sie anzusprechen, die Frau mit diesen Augen, die hellwach und doch weit entfernt wirken und ihr einen perfekten Schutz gegen ungewollte Annäherungen bieten.

Vor dem Eingangsbereich entschuldigt sie sich kurz bei einem Passanten, den sie in ihrer Gedankenverlorenheit übersehen hat und der nur durch sein umsichtiges Verhalten einen Zusammenstoß vermeiden konnte. Auch dieser ist, wie jeder, der Cécile das erste Mal sprechen hört, erstaunt über den klaren, tiefen Klang ihrer Stimme.

Schwungvoll zieht sie an der Tür der Eingangspforte, erinnert sich sogleich, dass diese sich nur nach innen öffnen lässt, tritt ein und steuert auf einen Ordner zu, erklärt diesem mit einem nicht zu widerstehenden Augenaufschlag das Vergessen ihrer Dauerkarte und betritt auf sein mürrisches Winken hin die Ausstellungsräume.

Würde man seine Aufmerksamkeit nur kurze Zeit weiter dem Ordner schenken, könnte man sehen, wie er der ihm längst vertrauten, vergesslichen jungen Dame mit einem Schmunzeln hinterherblickt.

Cécile steht kurz darauf, wie so oft, wenn es ihre Zeit erlaubt, vor ihrem Lieblingsbild, der »Dienstmagd mit Milchkrug«, geschaffen von Vermeer van Delft.

Die selbstvergessene Hingabe der Magd an ihre Tätigkeit, ihre still hingenommene Einsamkeit, aber auch die konzentrierte Selbstverständlichkeit ihres Tuns sprechen sie in ihrem innersten Empfinden an, spiegeln Teile ihres eigenen Ichs wider. Häufig erzählt sie der Magd stumm ihr eigenes Alleinsein.

Sie lebt seit Beginn ihres Studiums der Altphilologie in Amsterdam. Cécile liebt diese Stadt wegen ihrer Unabhängigkeit, ihrer Offenheit und der Fähigkeit, Menschen unterschiedlichster Herkunft und unterschiedlichsten Charakters unter einem Dach zu vereinen.

Sie dagegen sucht selten Gesellschaft, lebt weitgehend in sich selbst zurückgezogen, meist unfähig, sich auf andere Menschen einzulassen und sich ihnen zu öffnen, bleibt einsam.

Nach Verlassen des Museums sieht man Cécile meistens auf einer Brücke über einer der unzähligen Grachten Amsterdams stehen und träumen. So auch heute an diesem grauen Novembernachmittag. Die tief stehende Herbstsonne setzt sich nur noch schemenhaft gegen den dichten Nebel durch, und zeichnet dabei eine bizarre Scheinhaftigkeit auf die Backsteingebäude der Stadt.

Cécile offenbart einen recht eigenwilligen Kleidungsstil: Schottenrock zu Ringelsocken, dazu Rüschenbluse und hochhackige Stiefeletten mit Budapester Muster. Zum Schutz gegen die Kälte trägt sie einen viel zu großen Männer-Trenchcoat, der sie fast verschluckt. Nimmt man ihren leicht schwebend wirkenden Gang hinzu, könnte man vermuten, jeder noch so kleine Windstoß würde das zarte Wesen mit aufgeblähtem Mantel durch die Lüfte tragen.

Folgte man ihrem Weg, könnte man Cécile wenig später an einem anderen ihrer Lieblingsorte entdecken, der Brücke von der Leidsestraat über die Prinsengracht. Von hier aus sieht sie direkt auf ihr Zuhause. Sie wohnt auf einem der Tausend Hausboote Amsterdams, doch während in den großen Grachten der Stadt zum Teil eindrucksvolle, einladende Hausboote liegen, stellt Céciles Boot, euphemistisch betrachtet, ein gerade noch begehfähiges Exemplar dar. Es zeichnet ein durchwegs komisches Bild, wenn Bekannte mit ängstlichem Blick und vorsichtig tastenden Schritten das Boot betreten, offensichtlich von der Furcht geplagt, die Begehung nicht trocken und unbeschadet zu überstehen.

Cécile hat den alten Kahn von ihrem vor zwei Jahren verstorbenen Onkel geerbt. Zumindest besitzt es, wie die meisten Hausboote, Strom, Wasser und einen Zugang zur Kanalisation. Die Ähnlichkeit mit süditalienischen Häusern ist unverkennbar: äußerlich der Eindruck von Unbewohnbarkeit, im Inneren jedoch eine einladende Gemütlichkeit und interessante Choreografie.

So auch in diesem Fall: Wer den leicht maroden Bretterverschlag hinter sich gelassen hat, betritt eine kleine Wunderwelt von antiken Möbeln, zum Teil noch Relikte ihres Onkels, Hunderten von Büchern, unzähligen kleinen Schachteln und Döschen, deren Inhalt nicht mal Cécile wirklich zuordnen kann, wild angeordneten Tüchern und Stoffen. Mittendrin ein uraltes, leicht durchgesessenes Sofa, dessen Leder schon bessere Seiten gesehen hat, das aber, wie ein Magnet, jeden anzieht, sich darin versinken zu lassen. Céciles Prunkstück ist ein mittelalterlich anheimelndes Himmelbett mit einem blauen, ins Türkise übergehenden Seidenstoff als Umrandung und Dach.

Nur hier in dieser kleinen Traumwelt ist Cécile in der Lage, ihre Seele loszulassen, selten bereit, sich in ihrer Verletzbarkeit anderen Menschen zu stellen. Manchmal zieht sie sich tagelang in die Enklaven ihrer eigenen Welt zurück und lässt die Wirklichkeit weit hinter sich.

Kapitel 2

MARK

DAS GEMEINDEARCHIV AMSTERDAMS befindet sich in den Räumen des ehemaligen Rathauses von Nieuwer-Amstel. Nach dessen Eingemeindung Ende des 19. Jahrhunderts entstand hier ein Archiv, das insbesondere historische Dokumente zur Stadtgeschichte aufbewahrt. Im Dachgeschoss unmittelbar unterhalb des Glockenturms befindet sich das gemeinsame Arbeitszimmer von Mark und Cécile, das wie gemalt zu ihrer Beschäftigung mit altem Schriftgut passt. Rostfarbene Backsteinwände, deren Putz in weiten Teilen abgebröckelt ist und dankenswerterweise nie erneuert wurde, korrespondieren mit uraltem Holzgebälk, an dem unzählige kleine Notizen mit Reißzwecken angebracht sind, deren Botschaften sich aufgrund der Vergilbtheit des Papiers nur noch mit viel Fantasie entziffern lassen.

Die eigentlichen Prunkstücke des Zimmers sind die beiden aus dem 18. Jahrhundert stammenden Schreibtische, die einst dem Bürgermeister und seinem Stellvertreter zur Verfügung gestanden hatten. Mark und Cécile genießen das unschätzbare Privileg, diese für ihre Übersetzertätigkeit nutzen zu dürfen.

An korinthische Säulen erinnernde Marmorfüße tragen die beiden Zwillingstische, deren Seitenwände von äußerst kunstfertig hergestellten, rautenförmigen Intarsienarbeiten geprägt sind. Durch die hauchdünne, kaum wahrnehmbare eingearbeitete Glasarbeitsplatte sieht man in unterschiedliche Edelhölzer geschnittene Motive der griechischen Mythologie.

An den Rändern der Tischplatte sind in Episoden antike Mythen zu sehen: der von Sisyphos, der traurigschöne von Orpheus und Eurydike, der von Herakles' Heldentaten und der von der zehnjährigen Irrfahrt des Odysseus zurück in seine Heimat Ithaka mit dem Höhepunkt der blutigen Befreiung Penelopes.

Im Zentrum der Tische präsentiert sich dem Betrachter in einer kreisförmig eingelegten Eichenholzarbeit der heroische Kampf des Hector gegen den griechischen Helden Achill vor Troja.

Die Ilias von Homer war eine der letzten Beschäftigungen von Cécile. Mithilfe von Mark übersetzte sie die Hexameter des Epos' in die heutige Sprache, in Prosa. Natürlich gab es schon Vorgänger. Ihre Aufgabe jedoch war es, das historische Werk in eine wirklich aktuelle, moderne Sprache zu übertragen, um es wieder einer breiteren Leserschaft zugänglich zu machen. Für beide eine echte Herausforderung! Die blumige, metaphernreiche Poesie Homers in eine auch für junge Menschen verständliche Form zu übersetzen und gleichzeitig ihre Ursprünglichkeit zu erhalten, erforderte viel Feingefühl, Geduld und Zeit.

Mark ist einer der wenigen Menschen, die Cécile vertraut sind. In seiner Gegenwart bröckeln die Mauern der Einsamkeit und Verletzlichkeit zunehmend. Dies liegt weniger an ihrer gemeinsamen Begeisterung für alte Sprachen als an der Parallelität vieler ihrer Empfindungen und Erfahrungen, die sie bereits in sehr jungen Jahren machen mussten.

Mark verlor kurz nach seinem fünften Geburtstag seine Eltern, die während einer Schiffsreise nach England, unterwegs mit einem fatalerweise völlig überladenen Passagierschiff, umkamen. Bei einem plötzlich aufkommenden, orkanartigen Sturm war es gekentert und hatte fast alle an Bord befindlichen Personen mit in die Tiefe gezogen.

Mark, plötzlich Vollwaise, wurde zunächst bei seiner Tante Paula, einer unverheirateten und kinderlosen Schwester seines Vaters, untergebracht, die alle nur Tante Knödel nannten. Ihren unschmeichelhaften Beinamen verdankte sie ihrem Äußeren, das ohne ihre kurzen Arme und Beine oben genanntem Objekt durchaus nahekam. Tante Paula nahm Mark lediglich aus dem Gefühl familiärer Verpflichtung auf, nicht etwa aus Zuneigung zu dem unglücklichen, kleinen Jungen. Dummerweise begrüßte Mark die Tante – naiv, wie er war – mit: »Guten Tag, Tante Knödel!« Die Konsequenz war eine Kontaktsperre gleich am ersten Tag.

Mit der Zeit wurde es immer schlimmer. Das Kind war völlig verstört, zornig und wütend auf seine Eltern, die einfach nicht kommen wollten, um ihn endlich abzuholen. Mit der Endgültigkeit des Todes konnte er verständlicherweise nur recht wenig anfangen. Seine kleinen, harmlosen Fluchtversuche, um sich auf die Suche nach seinen Eltern zu begeben, scheiterten meist drei Straßenecken weiter. Zudem gab es bei der kleinsten Aufsässigkeit Schläge und andere Strafen, bis hin zum Essensentzug und Eingesperrtwerden in sein kleines, leeres Zimmer.

Vier Wochen später wähnte Paula sich am Ende ihrer nervlichen Belastbarkeit angesichts dieses ungezogenen, unberechenbaren und zornigen Rabauken. Mit der Begründung ihrer angeschlagenen, körperlichen Konstitution beschloss sie, nicht in der Lage zu sein, ein so kleines Kind großzuziehen und quartierte Mark kurzerhand in einem Kinderheim in Den Haag ein.

Nun begann Marks Odyssee durch insgesamt sieben Heime, jeder neue Aufenthalt nach dem gleichen Schema ablaufend: Seine häufigen, spontanen Wutausbrüche begleitet von zunehmender, körperlicher Aggressivität zwangen den jeweiligen Heimleiter regelmäßig, ihn im Sinne der Gemeinschaft in ein anderes Heim weiterzuleiten. Verbunden damit war die widersinnige Hoffnung, dass Mark vielleicht dort Ansätze sozialer Kontakte knüpfen würde. Erst in seinem letzten Heim in Arnheim sollte sich Grundlegendes ändern.

Zunächst brachte er wie immer durch sein Verhalten den – für diese Gegend ungewöhnlich – katholischen Priester und Erzieher zur Verzweiflung und Weißglut. Manche Beule am Hinterkopf Marks zeugte von seiner guten Bekanntschaft mit dem großen Pfortenschlüssel des Priesters.

Trotzdem nahm er Mark mit, als er mit seiner kleinen Kindergemeinde den Bus betrat, um ein Benediktinerkloster in der Nähe von Aachen anzusteuern. Die größtenteils protestantischen Kinder sollten, so sein Anspruch, die Einmaligkeit der Baukunst, der durchdachten Struktur und Organisation des Klosterlebens sowie die hier herrschende Gelehrsamkeit kennenlernen. Bei Mark erhoffte er sich insgeheim eine heilende Wirkung durch die Berührung mit den mönchischen Besinnungs- und Silentiumstunden. Vielleicht würde ein wenig Ruhe in dem Jungen gesät.

Ein Mönch, der sich als Pater Paulus vorstellte, empfing die Gruppe und führte sie zunächst ins Refektorium, wo eine einfache, kräftige Suppe auf die Kinder wartete.

Der anschließende Klosterrundgang interessierte noch einige Kinder, die Kirchenführung nur wenige. Bei dem abschließenden Exkurs in die griechische und lateinische Sprache kämpften fast alle mit der Schwerkraft ihrer Augenlider. Pater Paulus hielt unbeeindruckt weiter seinen Vortrag, übersah dabei aber nicht die zwar traurigen, aber hellwachen und interessierten Augen eines einzigen Schülers.

Mark fühlte sich magisch angezogen von diesen alten Sprachen, von den unbekannten Buchstaben des Griechischen, vom Lateinischen, das über Jahrhunderte die Sprache der Gelehrten war.

Als nach dem Abendessen die Kinder in die klösterlichen Schlafsäle geleitet wurden, nahm Pater Paulus den Knaben beiseite. Er führte ihn in sein karges Zimmer, das dominiert wurde von einem fast mannshohen Holzkreuz. Daneben stand nur ein einfacher Holztisch mit zwei Stühlen, darüber hing ein Marienbildnis, das schon leicht zu vergilben drohte, an der Wand gegenüber befand sich eine zerbrechlich wirkende Holzpritsche als Bett.

»Äußerlichkeiten lenken nur vom Eigentlichen ab«, war die lapidare Antwort des Paters auf Marks skeptische Blicke.

»Ein schöner Strauß Blumen täte dem Raum trotzdem gut. Sprachen Sie in Ihrem Vortrag nicht davon, dass die alten Griechen die Verbindung des Guten und des Schönen als Ideal verstanden?«, erwiderte Mark.

Der Pater schmunzelte. »Gut überlegt, kleiner Philosoph! Aber erst mal so weit: Wenn ich Blumen sehen will, gehe ich in den Garten oder in den Wald, dazu brauche ich sie nicht abzuschneiden und in ein Zimmer zu stellen, das ich hauptsächlich zum Schlafen benutze. Das Schöne offenbart sich, unserer Meinung nach, nicht in schönen Dingen, es kommt von innen. Nebenbei schätzen wir die alten Griechen sehr hoch und nehmen sie, besonders Aristoteles, auch sehr ernst. Das heißt noch lange nicht, dass wir alles ungefiltert übernehmen müssen. Zudem pflegen wir in der Regel nur dann Kritik zu üben, wenn wir glauben, den Gegenstand unserer Kritik auch ausreichend erfasst zu haben!«

Pater Paulus sprach noch ein paar Sätze über seinen Vortrag mit Mark, dann schickte er ihn zu den anderen Kindern in den Schlafsaal. Er war beeindruckt von der Intelligenz, der Merkfähigkeit und dem Interesse des gerade mal Zehnjährigen.

Am nächsten Morgen suchte er noch vor dem Frühstück den Heimleiter auf und teilte ihm mit, dass er Mark gerne unter seine Fittiche nehmen würde, und ob er sich vorstellen könnte, ihn zur weiteren Erziehung im Kloster zu lassen.

Da Tante Knödel nach Marks erster Heimeinweisung rasch die Vormundschaft über den Jungen abgegeben hatte, war seither der jeweilige Heimleiter der vorübergehende Vormund Marks. In der Folge war die Übernahme durch Pater Paulus ein unkomplizierter Formalakt.

Als der Bus abrollte, auf dem Beifahrersitz ein durch und durch erleichterter Heimleiter, fehlte eines der Kinder. Marks weitere Zukunft sollte sich innerhalb der Gemäuer des Klosters gestalten.

Der Pater kümmerte sich als erster Mensch seit Marks Waisenschicksal rührend um seinen neuen Schüler. Zunächst galt es, seine Verschlossenheit und die Mauern seiner Enttäuschung aufzubrechen. Dies gelang ihm zunehmend. Mark verwandelte mithilfe des Paters seine Wut und Aggression in positive Energie. Stunde um Stunde saß er an seinem Pult im Studiersaal des Klosters, las, lernte, dachte nach und versuchte mit ungebremster, fast manischer Eile die Ideen und Konzepte der antiken Philosophen zu verstehen und zu verinnerlichen. Besondere Freude bereitete ihm, fiktive Disputationen zwischen den großen Denkern im Kopf entstehen zu lassen.

Mit seinem Enthusiasmus lösten sich zunehmend die Fesseln um Marks Seele. Er öffnete sich. Zunächst seinem Mentor, Pater Paulus, dann, für Mark unerwartet auf Gegenliebe stoßend, seinen Mitschülern. Er wurde angenommen und gewann nach und nach Freunde. Konflikte lernte er recht bald mit Worten zu lösen.

Oft stand er auch, wenn Morpheus es zuließ, vor dem Wecken auf und half dem stets gut gelaunten Bäcker des Klosters, Frater Franz, bei dessen Arbeit. So manche Stunde verbrachte er zudem in der Krankenstation, wo zwei Nonnen sich umtriebig um die Wiedergenesung malader Klosterinsassen kümmerten. Für Mark standen hier, wenn ihn manchmal düstere Gedanken quälten, stets offene Ohren bereit. Zudem lockte ihn die zumeist kredenzte große Tasse heißer Schokolade, deren Duft alleine ausreichend war, unangenehme Erinnerungen zu vertreiben.

Die Beziehung zu Pater Paulus entwickelte in den folgenden Jahren durchaus für beide Seiten befruchtende Aspekte. Mark genoss das Lernen und die Teilhabe am nie versiegenden Wissensschatz des gelehrten Geistlichen. Er sog jedes Wort, jede Belehrung des Paters gierig in sich auf und überraschte diesen wiederum mit der Geschwindigkeit seiner Lernerfolge sowie der schnell voranschreitenden Fähigkeit, sogar schwierige griechische und lateinische Texte zu entschlüsseln und zu verstehen.

Der Pater erlebte die ungeahnte Genugtuung, diesen Rohdiamanten veredeln zu dürfen, und staunte über die immer interessanter werdenden Diskussionen mit Mark, genoss die Öffnung auch für ihn neuer Perspektiven und Denkansätze. Viele Stunden verbrachten sie bei Spaziergängen durch die dem Kloster anliegenden Wälder mit intensiven Gesprächen über antike Philosophie. Ihr Zusammensein war sichtlich geprägt von gegenseitiger Zuneigung und Liebe. Leider verflog die Zeit in allzu großen Schritten, und über den ungleichen Freunden schwebte die Drohung des nahenden Endes.

Mark, längst zum Mann gereift, schloss das Abitur mit glänzenden Zensuren in den sprachlichen Fächern und immer noch guten in den naturwissenschaftlichen ab.

Seine Hochstimmung kämpfte allerdings gegen das Damoklesschwert des bevorstehenden Verlusts seines väterlichen Mentors.

Der Pater grübelte schon lange Zeit über der Frage, ob er seinen Zögling, sowohl im eigenen Interesse als auch in dem der Mönche, nahelegen sollte, sich langfristig an das Kloster zu binden, oder ob ein freies Universitätsstudium für Mark letztlich nicht eine intensivere Förderung seiner beträchtlichen Fähigkeiten bedeutete. Nicht ohne Wehmut entschied er sich für Letzteres.

Als es so weit war, begleitete er Mark nach Aachen an die Universität, wo dieser sich an den Fakultäten für Altphilologie und Philosophie einschrieb.

Kapitel 3

MAIEUTIK

GEBEUGT ÜBER IHRE Schreibtische im Gemeindearchiv sitzen sich Mark und Cécile gegenüber. Zwischen ihnen liegt die Kopie einer antiken, altgriechischen Handschrift. Dieselbe war Bestandteil einer kürzlich erfolgten, großzügigen Bücherschenkung an das Gemeindearchiv. Die beiden, längst bekannt als ausgewiesene Experten der Altphilologie, wurden beauftragt, das Manuskript in ihre Muttersprache zu übersetzen.

Das pergamentene Original wurde zuvor aufgrund seines fortschreitenden Verfalls mit größter Vorsicht in verschiedene, wissenschaftliche Institute verbracht. Die zahlreichen Untersuchungen, unter anderem mittels der Radiokarbonmethode und mehrerer Mikropartikelexpertisen, ließen keine Zweifel: Bei der vorliegenden Schrift handelte es sich um einen der Öffentlichkeit bisher unbekannten Dialog des Sokrates mit dem Sophisten Kolos, nach literar- und redaktionskritischer Beurteilung der Feder des Platon oder eines seiner Schüler entstammend, mit dem Titel: »Aletheia!«

In seiner unnachahmlichen, maieutischen Fragetechnik, die bezeichnenderweise dem griechischen Begriff für Hebammenkunst entlehnt ist, führt Sokrates den Sophisten aufs rhetorische Glatteis, auf dem er, kurz vor dem Entgleiten, unter schweren Wehen der versiegenden Widerrede, schließlich zugestehen muss, dass Wahrheit und Wahrhaftigkeit einen echten, dem Menschen zukommenden und ziemenden Wert darstellen im Gegensatz zur Scheinwelt sophistischer Argumentation und Überredungskunst.

Am Ende ihrer Auseinandersetzung verlässt Sokrates, wie so oft, einen rhetorisch geschlagenen, nicht minder feindseligen Gesprächspartner, der sich eingliedern wird in die lange Reihe derer, die ihn einst vor Gericht zwingen werden wegen angeblicher Volksverhetzung, ungebührlicher Reden und Verderbnis der Jugend Athens. Die Folgen sind bekannt: Obwohl von seinen Freunden die Wachen für die Flucht schon bestochen sind, besteht Sokrates auf den tödlichen Becher, freiwillig getrunken, um der Wahrheit einen letzten finalen Dienst zu erweisen.

Kapitel 4

FRANK V. WILMOTS

FRANK VON WILMOTS war als Ziegelfabrikant zu Reichtum gelangt. Aus einer verarmten, adeligen Familie stammend, hatte er nach dem Zweiten Weltkrieg die Zeichen der Zeit erkannt, einen weitgehend heruntergekommenen Gutshof der Familie mit zunächst einfachen Mitteln zu einer Ziegelwerkstatt umfunktioniert und mit wachsendem Erfolg die zerstörten Kriegsgebiete Europas beliefert. Was als kleiner Transfer vom winzigen Städtchen Hamstelveen hauptsächlich an Baufirmen in Köln und Düsseldorf begann, entwickelte sich in kurzer Zeit zum Erfolgsmodell. »Wilmots Ziegelwaren« war bald der größte Zulieferant von Ziegelprodukten aller Art in Europa. Wilmots bewies sein kaufmännisches Geschick auch im Folgenden. Er investierte sein Geld in Schiffswerften, in den Flugzeugbau und insbesondere in das zunehmend blühende Immobiliengeschäft. Innerhalb des Zeitraums von zwei Jahrzehnten wurde aus Wilmots einer der reichsten Männer der Niederlande.

Die Vermehrung seines Reichtums war nicht das einzige Interesse des Fabrikanten. Seine Großzügigkeit, gepaart mit seiner großen Begeisterung für schöngeistige Dinge, machte ihn zu einem begehrten Mäzen für Kunst, Musik und Literatur. Er unterstützte Kunstsammlungen und Museen mit selbst erworbenen, wertvollen Gemälden, versorgte ein kleines Heer aufstrebender Dichter und Literaten mit den notwendigen pekuniären Mitteln, erwarb und verlieh wertvolle antike Folianten, alte Partituren von zum Teil unbekannten Komponisten, stipendierte talentierte junge Musiker, versorgte zu ihrer Ausbildung das Musikkonservatorium in Amsterdam mit Geldmitteln und lud zu selbst organisierten Konzerten und Opernaufführungen, nicht selten in den weiten Gärten seiner neu erbauten Villa in Hamstelveen. Seine Geschäfte hatte er längst an fähige Mitarbeiter delegiert und konzentrierte seine Aktivitäten auf seine eigentliche große Leidenschaft: die Kunst.

Das große Prunkstück seiner Villa war die Bibliothek. Durchlief man die von prächtigen Originalbildern aus der Hand einiger von Wilmots unterstützten Künstlern geschmückte, sogenannte *Galerie der unbekannten Maler*, traf man auf ein Türportal, das von geschnitzten Porträts einiger der großen Denker der Philosophiegeschichte geprägt war: Platon, Aristoteles, Plotin, Augustinus, Erasmus, Descartes, Kant, Hegel, Nietzsche. Durch kleine Wunder der Scharniertechnik ließen sich die beiden mächtigen Türflügel mittels zweier Bronzeskulpturen überraschend leicht öffnen. Im Inneren erwartete einen zunächst eine unfassbare Anzahl von Büchern, eingelagert in deckenhohe, massive Holzregale. Kleine Wendeltreppen führten auf verschiedene Ebenen und Galerien, die bestimmte Themengruppen vereinten.

Das Licht der riesigen Glaskuppel, welche die Bibliotheksarchitektur nach oben abschloss, tauchte den Raum, abhängig vom Tageslicht und – bei gutem Wetter – vom Stand der Sonne, in ein ständig wechselndes, skurriles Farbenspiel. Unterstützend zum natürlichen Licht war eine raffinierte Kombination aus bewegungssensitiver und akustisch aktivierbarer, indirekter Beleuchtung installiert, die dem Besucher der Räumlichkeiten ständigen Einfluss auf die Lichtintensität am Aufenthaltsort offerierten.

Auf einer der obersten Galerien, knapp unterhalb der Glaskuppel, befand sich der vermutlich wertvollste Teil der Bibliothek: eine Sammlung aus aller Welt zusammengetragener antiker Schriften, unter anderem mehrere Kopien der Werke des Origenes und Augustinus, sowie sehr frühe, aus dem 7. und 8. Jahrhundert stammende Abschriften des griechischen Neuen Testaments, damit wenig jünger datiert als der berühmte Codex Sinaiticus. Folglich waren es häufig entliehene Exemplare an theologische Wissenschaftler für deren literarkritische Bibelforschung.

Wie in allen Abteilungen der Bibliothek standen auch hier bequeme, viktorianische Ledersessel, um dem Leser ein angemessenes, die Sinne bewegendes Ambiente zu verschaffen. Es war Wilmots Lieblingsort, er genoss allein den alle Fantasie beschleunigenden Geruch der alten Folianten, ergab sich dem taktilen Genuss, in den kunstvoll geschmückten und bebilderten Seiten zu blättern, obwohl er, mangels humanistischer Bildung, des Altgriechischen nicht mächtig war.

Nur Raimond, sein jüngstes Kind und zweiter Sohn, teilte das bibliophile Interesse des Vaters und verbrachte unzählige Stunden und Tage meist gemeinsam mit ihm in den Geschichte atmenden Räumen der Bibliothek. Zum späteren Leidwesen des Vaters hatte er Raimond eher praktisch-künstlerisch denn humanistisch ausbilden lassen. Nach dem musischen Gymnasium besuchte er die Universität und studierte Innenarchitektur.

Als der alte Wilmots starb, genauer gesagt: sich in seine Bibliotheksräume zurückzog, die Aufnahme von Wasser und Nahrungsmitteln einstellte und, mit sich und seinem Leben weitgehend zufrieden, aber weiterer Aktivitäten überdrüssig, beschloss, auf seinen Tod zu warten, welcher sich seiner – nach gebührender Wartezeit – auch annahm, galt es ein beträchtliches Vermögen zu verwalten.

Frank von Wilmots hatte testamentarisch festgelegt, mit seiner Entscheidung nur bedingt zufrieden, seinen Nachlass paritätisch zwischen seiner Frau und seinen Kindern zu verteilen, lediglich Haus und Bibliothek wurden ausdrücklich Raimond übertragen.

Während sich die entstehenden Erbstreitigkeiten über Monate hinzogen und ein kleines Vermögen für Anwälte und Gutachter verschlissen, machte sich Raimond, davon weitgehend unberührt, daran, eine Vereinbarung – einen lange gehegten, aber nie zur Umsetzung gereiften Plan zwischen ihm und seinem Vater – zu realisieren: eine sehr wertvolle Schenkung an das Gemeindearchiv Amsterdams, namentlich den Teil der Bibliothek, den der Tote besonders liebte: die Sammlung antiker Schriften, darin bisher verborgen und unbeachtet Platons »Aletheia«.

Bei den Schenkungsfeierlichkeiten begegneten sich Mark, Cécile und Raimond zum ersten Mal. Raimond verliebte sich auf der Stelle in Cécile, ein Zustand, der ein Leben lang anhalten sollte.

Kapitel 5

DAS HAUSBOOT

AUF MEHRARMIGEN LEUCHTERN unterschiedlichster Form und Herkunft verteilte Kerzen verleihen dem Innenraum des alten Hausboots eine flackernde, fantasieschwangere Atmosphäre. Die spiegelnden Fenster, zahlreiche Bilderrahmen, die herumstehenden Gläser, nicht zuletzt die reflektierenden Kerzenständer selbst, verstärken die Illusion unzähliger Lichtquellen. Dem Raum mit seinen offenbar keiner Ordnung folgenden Bücherbergen vermitteln sie das Bild eines verwunschenen Antiquariats.

Auf ihrem Himmelbett liegt Cécile in typischer Haltung: bäuchlings, die Beine im Knie gebeugt, nach oben baumelnd, auf die Ellenbogen gestützt, mit der einen Hand den Kopf haltend, mit der anderen einen Rotweinschwenker. Dessen Inhalt lässt sie mit kleinen Drehbewegungen kreisen, träumend versunken in das kerzenbeleuchtete Farbspiel des schwerfällig rotierenden Weins.

Auf Sitzkissen haben Mark und Raimond Platz gefunden. Ihre Sitzhaltung spiegelt unübersehbar ihre unterschiedliche Gemütslage wider: Mark eher lümmelnd, nach zahlreichen Besuchen im Hausboot bereits heimisch geworden, eine selbst gedrehte Zigarette rauchend. Raimond hingegen die Arme um die angezogenen Knie geschlungen, die Hände wie zum Gebet gefaltet, offenbar noch unsicher ob seiner ersten Einladung bei den beiden, richtet seinen Blick immer wieder scheu auf Cécile, getragen von der Hoffnung, dabei unentdeckt zu bleiben. Neben ihm liegt eine offensichtlich häufig getragene, schon leicht verblichene Ledertasche, die Raimond, von wenigen Ausnahmen abgesehen, stets bei sich trägt. In der Tasche befinden sich neben wechselnden Gegenständen unverzichtbar zwei Bücher: Eine sehr alte, ledergebundene, griechischdeutsche Ausgabe der Ilias, das Lieblingsbuch seines Vaters, und seit Kurzem eine erste, handgeschriebene Übersetzung der »Aletheia« aus dem Archiv, die Cécile ebenfalls in Leder kleiden ließ und ihm als persönlichen Dank für die großzügige Bücherschenkung überreichte.

Im Augenblick herrscht nachdenkliches Schweigen. Lange und intensiv, von reichlich Rotwein begleitet, hat man sich über Platon und dessen Wahrheits- und Wirklichkeitsverständnis unterhalten, dessen Höhlengleichnis verglichen mit Textpassagen aus dem neu gefundenen »Kolos-Dialog« und letztendlich ergebnislos diskutiert, ob der Begriff der Wahrheit im metaphysischen Sinn überhaupt gedanklich und damit auch sprachlich erfassbar ist.

In die Stille hinein spricht Céciles tiefe Stimme: »Hat Platon wirklich recht mit seiner Theorie, dass wir auf dem Weg der Erkenntnis Befreiung erfahren aus der Gefangenschaft der Scheinwirklichkeit, der Schattenbilder seines Höhlengleichnisses? Müssen wir nicht viel eher scheitern im Versuch, diesem Ungetüm Leben wahres Verstehen zu entlocken, diesem Leben, das uns ständig auslacht ob unserer Bemühungen, ihm Bedeutung abzuringen? Geht es uns dabei nicht wie Sisyphos, indem wir immer wieder aufs Neue, den immer gleichen mühsamen Weg suchend bergauf schreiten in der Hoffnung, irgendwann doch diesen verfluchten Gipfel zu erreichen, wohl wissend, dass es nie gelingen wird? Warum nicht aufgeben, den Stein freigeben, sich überrollen lassen und dann: Ruhe, friedliche Finsternis, Nichts? Oder, gesetzt den Fall, es würde doch gelingen, den Gipfel zu erklimmen, was würden wir sehen jenseits dessen? Sinn, Wahrheit, Menschsein, Ebenbildlichkeit, den verlorenen Garten Eden? Oder das banale und absurde Szenario der völligen Entsprechung? Neue Fackelträger, die Scheinbilder an den Horizont werfen, dem Betrachter eine neue, alte Illusion bietend, die gar keine ist, sondern bittere Realität? Vielleicht ist ja alles sinnlos seit jeher und in alle Ewigkeit, der Denker nur ein selbstverliebter Blindgänger, blind gegen die Paradoxie seiner Bemühungen mehr zu entdecken, in der Hoffnung, den Stein doch irgendwann ganz hinaufzurollen, der dann erwartungsgemäß, wie Tausende Male vorher und damit empirisch als sicher geltend, den Berg herunterpoltert, an schallendes Gelächter erinnernd? Umsonst vom Apfel genascht? Selbstentfremdung statt Einssein mit sich und damit endlich Ebenbild? Aber vielleicht bedeutet das berühmte *carpe diem* ja: Verändere deine Perspektive, ruhe, sehe, öffne deine Augen für das Unerwartete! Vielleicht dreht sich alles um, verändern sich wider alles Erwarten die vermeintlichen Gesetze der Schwerkraft, von Raum und Zeit, der Stein rollt den Hügel nicht hinab, sondern hinauf, lächelnd über den endlich erstaunt Begreifenden, breitet seine Flügel aus, jetzt stolzer Vogel, fliegt ohne Angst vorbei an den rachsüchtigen, plötzlich bedeutungslosen Bewohnern des Olymp, trifft den Prometheus, nicht mehr an einen Fels gekettet und um seine Innenorgane fürchtend, sondern gesellig am Feuer sitzend, das die Menschheit eigentlich nicht mehr braucht, da Demeter sich einer freien Tochter erfreut. Vielleicht müssen wir den Göttern trotzen und damit den Zwängen, die wir in unseren Köpfen ständig neu erschaffen. Was, wenn die Wahrheit ihr Gesicht nur dem enthüllt, der bereit ist, alles Erwartete wie einen alten Mantel abzuwerfen, alles Gelernte und bisher *Erkenntnis* Genannte zu verneinen? Denkbar, dass wir alles durch eine getönte, die Wirklichkeit verzerrende Brille betrachten, die abzunehmen wir nur deshalb nicht wagen, weil wir fürchten, ohne sie gar nichts mehr zu sehen – wie uns immer gesagt wurde und wird –, denkbar, dass wir das Wagnis eingehend, ohne Sehhilfe, endlich klar sehend, auf das blicken, was uns seit Ewigkeiten verwehrt ist.«

»Muse, nenne mir die Frau, die wohl gesprochen die Wahrheit erkannt!«, beschließt Mark in Hexametern Céciles Monolog. »Ich schlage vor, dass wir anstelle totaler, bis dahin noch spekulativer, Negation alles bisher Dagewesenen, etwas systematischer prüfen, was der Wahrheit näherkommt: Ist sie nur ein banaler, gesellschaftlicher Begriff, hoch gehandelt, doch schwer missbraucht, oder etwa das Ergebnis wissenschaftlicher Erkenntnis im Sinne einer hohen Wahrscheinlichkeit beziehungsweise Beweisbarkeit? Oder gibt es sie, die letzte, unabdingbare, alles infrage stellende, transzendente Wahrheit, die mit der ewigen Frage nach dem Sinn unseres Daseins untrennbar verknüpft ist?«

Eine letzte Flasche Wein wird geöffnet, die letzten Kerzen verlöschen, die Müdigkeit gewinnt die Oberhand.

Raimond erwacht am Morgen als erster, leicht überrascht, sich neben den beiden liegend in Céciles Bett vorzufinden, vermeidet jede Bewegung, glücklich darüber, eine Hand Céciles auf seiner Brust zu spüren.

Kapitel 6

ÄNGSTE

»**IST DIE ANGST** vor dem Tod die Grundbedingung aller Ängste? Müssen wir diese Angst zuallererst besiegen auf dem Weg zu einer grundsätzlich angstfreien Existenz?«

Raimond stellt die Frage beiläufig in einem alten, ganz in Gelb- und Blautönen gehaltenen, winzigen Café im Jordaan-Viertel. Mark pflegt mit den Wirtsleuten Donato und Laura seit Jahren eine Freundschaft, von der beide Seiten profitieren. Seine Besuche, häufig in Begleitung von Freunden, tragen nicht unbeträchtlich zur Finanzierung des kleinen Familienbetriebs bei. Im Gegenzug genießt er sein jederzeitiges Willkommensein an diesem heimeligen Ort, die ungezwungene Kommunikation, die nebenbei zu einer deutlichen Aufwertung seiner Italienischkenntnisse beigetragen hat, nicht zuletzt die leckere umbrische Küche und die herrlichen italienischen Weine.

Besonders angetan hat es ihm die alte, stets gelassene und lebenserfahrene Nonna, die Mutter Lauras, die aus uralten Rezepten wunderbar schmackhafte Dolci zaubert. »Marco sei tropo … devi mangiare. Oggi abbiamo un benissimo arrrosto di Barolo!« »No grazie, Nonna, abbiamo mangiato gia, ma porta noi due cornetti con crema, per favore.«

Den Schaum seines Cappuccinos vom Löffel schlürfend nimmt Mark die Eingangsfrage des Freundes wieder auf: »Ich denke, anders formuliert, dass die Angst vor dem Ende der Dinge, dem Vergänglichen und die Angst vor dem Neuen, Unerwarteten, dem gedanklich nicht Greifbaren den Menschen in Unruhe versetzt, und der Kulminationspunkt des Vergänglichen ist das Ende der physischen Existenz, verbunden mit der reichlich unbegründeten Annahme der eigenen Unersetzbarkeit und damit der Unvorstellbarkeit, dass sich das Rad auch ohne einen weiterdrehen wird. Und Gott schuf den Menschen und er schuf ihn als sein Ebenbild.« Er nimmt vorsichtig einen Schluck von seinem Getränk und fährt dann fort. »Schon der Verfasser des ersten, priesterschriftlichen Schöpfungsberichts der Bibel bringt hier die uralte Sehnsucht des Menschen nach der Teilhabe am Göttlichen und infolgedessen nach Unvergänglichkeit zum Ausdruck. Weswegen, wenn nicht aus diesem Grund, muss das vorbildhafte, wegweisende Leben Jesu und sein Kreuzestod als eigentliche Pointe in der Auferstehungslegende münden? Weil das Erleben der Unzulänglichkeit des eigenen unperfekten und begrenzten Lebens zur Übertragung der eigenen Hoffnungen in eine jenseitige Existenz führt. Die alternative Variante ist die A-priori-Verneinung aller Jenseitigkeit, häufig verbunden mit der Hoffnung, der Tod führte zu einer endgültigen Befreiung von allem als leidvoll Empfundenen im Nicht-Sein.«

»Die eigentliche mit dem Tod verbundene Angst ist doch vor allem die vor den oft mit dem Sterben verbundenen Schmerzen?«, entgegnet Raimond.

»Durchaus, und konsequenterweise bei beiden Varianten. Weder das Nichts noch eine Weiterexistenz nach dem Tod ist für den Menschen letztlich intellektuell erfassbar. Was bleibt ist die durchaus vorstellbare und fantasiebesetzte Zeit unmittelbar davor. Und die ist in der Regel – abgesehen vielleicht bei einem Suizid – weder vorhersehbar noch planbar, und damit angstbesetzt! Planbarkeit und Sicherheit, das zumindest scheinbare Wissen und Absichern des Zukünftigen stellen nun aber ein zentrales Credo unserer Zeit dar. Ziel ist es, alles, was kommt, zu planen, abzusichern und bestenfalls zu versichern. Ein passendes Beispiel sind Lebensversicherungen: Sogar die Zeit nach dem eigenen Leben soll versichert, das Leben posthum für die Nachkommen gesichert sein. Das Leben und der Tod sind und bleiben aber dummerweise trotzdem unsicher. Die beschränkte Zeit, die einem selbst bleibt, und das ist ein weiteres Credo, muss daher effizient gestaltet werden. Stolz präsentieren viele Menschen, wo und wann sie Zeit gespart haben, wo sie große Effektivität bewiesen haben. Genau so, als könnte man Zeit auf Konten hinterlegen und davon Zinserträge gewinnen, die die eigene Zeit verlängern. Auch dahinter versteckt sich die Angst vor dem Tod. Die eigene Lebensperiode muss mit möglichst vielen erledigten Dingen angefüllt werden. Sogar Urlaube, sogenannte Erholungszeiten, sind häufig bis ins Detail durchgeplant, um nur ja keine Zeit zu verschwenden oder gar zu verlieren. Dabei fällt mir ein Zitat aus Goethes Werther ein: *Es ist ein einförmig Ding um das Menschengeschlecht. Die meisten verarbeiten den größten Teil der Zeit, um zu leben, und das bisschen, das ihnen von Freiheit übrig bleibt, ängstigt sie so, dass sie alle Mittel aufsuchen, um es loszuwerden.*

Ganze Industriezweige leben davon, dass wir anstreben, unserer Lebenszeit ein weiteres Schnippchen zu schlagen. Wir versuchen ewig jung zu bleiben, negieren das Altwerden und damit die Annäherung an den Tod.«

»Warum dieser Jugendwahn?«, schimpft Raimond. »Reflexion ist wohl erst möglich, wenn man auf etwas zurückgreifen kann, Erfahrung erst, wenn man etwas erlebt hat, Gelassenheit, wenn es etwas zu lassen gibt, das als nicht wert erkannt wird, daran festzuhalten. Belesenheit, Verständnis, echte Liebe, Weisheit, nur einige Dinge von vielen, die nach Zeit für ihr Reifen verlangen. Doch schon die ersten scheuen Blüten werden gedeutet als Zeichen des drohenden Verblühens und der Vergängnis.«

Wie zur Unterstützung seiner Worte stellt die Nonna den beiden Freunden einen Grappa und einen über lange Zeit im Barrique-Fass gereiften toskanischen Rotwein auf den Tisch.

»Salute, Raimond, auf das Leben! Apropos Leben, wie steht es mit dir und unserer zerbrechlichen Zauberfee? Wenn ich dich in ihrer Gegenwart betrachte, bleibt nur ein Schluss: Du bist verliebt in Cécile. Und wenn ich recht habe, warum zeigst du es ihr nicht endlich, küsst sie, umarmst sie, schläfst mit ihr?«

»Vielleicht, weil sie gerade am anderen Ende der Welt weilt, auf einer Reise, die sie nicht mehr verschieben konnte? Wirklich in Worte fassen kann ich es nicht, Mark, ich weiß es ja selbst nicht recht. Vielleicht, weil sie so zerbrechlich wirkt, weil ich mir nicht verzeihen könnte, sie zu verletzen oder ihr weh zu tun. Alle Körperlichkeit verschwindet hinter meinem Empfinden. Außerdem treibt mich die Furcht, abgelehnt und abgewiesen zu werden. Vielleicht lasse ich auch, wie du vorhin, den Werther sprechen: *Nein, ich betrüge mich nicht! Ich lese in ihren Augen wahre Teilnehmung an mir und meinem Schicksal. Sie ist mir heilig. All Begier schweigt in ihrer Gegenwart.*«

Kapitel 7

BRIEFE

LIEBER RAIMOND,
zunächst das Wichtigste voraus. Ihr beide fehlt mir unglaublich, und wenn ich ehrlich bin, und das kann ich hier mit so viel Abstand sein, du ganz besonders. Ich habe so große Sehnsucht nach dir, dass es manchmal schwerfällt, sie zu ertragen. Trotzdem musste ich irgendwie los.

Jetzt sitze ich hier, an den Grenzen Nepals, in der früh untergehenden Sonne auf einer alten Holzbank vor dem Kloster Teng-Poche auf über 3800 Metern mit einem atemberaubenden Blick auf die Sehnsucht weckenden, schneebedeckten Gipfel der umliegenden Achttausender. Die Erfahrungen, die ich hier mache, sind ungeheuer interessant, dabei aber auch aufwühlend, und rufen widerstrebende Gefühle in mir hervor.

Das Leben der Menschen hier, häufig bedroht von Krankheit und Tod, findet in bitterer Armut statt. Jeder Tag ist ein Kampf um die blanke Existenz, umgeben von Kälte und Kargheit. Und um sie herum diese monströsen, erhabenen, Macht und Ewigkeit ausstrahlenden Berge, menschlichem Begreifen und unserer Vorstellungskraft entzogen. Sie wecken die Sehnsucht, auf ihren Gipfeln nach unmenschlicher Anstrengung der profanen Welt entzogen, ja überlegen zu sein, von allen Wertstrukturen befreit, nur noch aus Gedanken, Fantasie und Ewigkeit zu bestehen, unendliche Weiten im Herzen. Nicht mehr Wollen bestimmt uns, sondern das Sein, die Freiheit von allen Bedürfnissen, das Nichts?

Ziel meiner Reise war, wie du ja weißt, fernöstliche Kultur und Religiosität kennenzulernen, zu erleben, wie die Menschen hier in diesem Teil der Welt, beeinflusst vom Hinduismus, dem Buddhismus, dem Taoismus denken, fühlen, in ihrer Vorstellungswelt dem Leben begegnen, wie sie versuchen es zu meistern.

Mir widerfahren sehr viel Gelassenheit, freundliche Heiterkeit, innere Ruhe – gerade bei älteren Menschen –, aber auch eine gewisse Gleichgültigkeit bis hin zu einem regelrechten Fatalismus.

Bei meiner Reise durch Indien war ich entsetzt ob der unfassbaren Armut, des Hungers, mangelbedingter Krankheiten auf der einen Seite, und einer temperamentlosen, gleichgültigen Hinnahme des eigenen Schicksals und das der Mitmenschen andererseits.

Das Gesetz von Karma und Samsara weckt im Angesicht dieser katastrophalen Verhältnisse, in die einzugreifen sich kaum jemand genötigt sieht, sehr zwiespältige Gefühle in mir: Leiden, das – hervorgerufen durch falsches Verhalten in einer zurückliegenden Existenz – als verdient empfunden und behandelt wird. Hinnahme von Elend, getragen von der Hoffnung, durch gutes Verhalten im endlosen Kreislauf der Wiedergeburt sein Karma zu verbessern und im nächsten Leben ein glücklicheres Dasein zu erwirken. Kann es erstrebenswert sein, dass jede Tat Vergeltung erfährt? Ist die Annahme von unverdientem Leid einerseits und unverdienter Vergebung andererseits im Sinne einer nicht konsequenten Tatgerechtigkeit nicht der humanere und wünschenswertere Entwurf?

Nicht selten würde man sich in der Realität wünschen, dass jede absichtsvolle, niederträchtige Handlung gesühnt, jede gute belohnt wird. Doch zerbrechen der Mensch und die Menschlichkeit nicht gerade an einer solchen ständigen, unmittelbaren Verantwortung für das eigene Tun? Beginnt Gerechtigkeit ihre eigene Wirkung nicht erst dann zu entfalten, wenn sie instringent ist, wenn nach Hintergründen und Zusammenhängen einer Handlung gefragt wird? Die Hoffnung auf das Angenommensein von einem liebenden, vergebenden Gott, vorausgesetzt man beschäftigt sich überhaupt sinnvollerweise mit dem Jenseits, hat durchaus etwas Tröstendes.

Die Sonne ist längst untergegangen, mein Lieber, die Kälte kriecht die Berge hinab, bereit, alles einzufrieren, auch meine

Gedanken. Es stehen noch Spätmeditationen auf dem Programm, denen ich mich anschließen werde.

Du bist in meinen Träumen.

Lieber Raimond,

ich habe meinen ersten Brief mehrmals nachgelesen und bin zu der vielleicht zweifelhaften Erkenntnis gelangt, dass er angesichts unseres kurzen Kennens zu persönlich und intim geraten ist. Vielleicht werde ich dir all die an dich gerichteten Zeilen einmal offenbaren. Im Moment habe ich beschlossen, das Schreiben als Möglichkeit zu nutzen, dir in Gedanken nah zu sein. So kann ich dem noch ehrlicher und offener Ausdruck verleihen, was ich empfinde.

Inzwischen bin ich aus dem Kloster Teng-Poche abgereist. Selten in meinem Leben habe ich mich an einem Ort so aufgehoben und angenommen gefühlt, gleichzeitig aber so einsam und verlassen. Die intensiven langen Gespräche, die langen Ruhephasen im Kloster haben etwas magisch Anziehendes. Andererseits blieb aber alles merkwürdig unpersönlich, zwar gruppenorientiert, aber letztlich doch auf einen selbst bezogen. Die eindringliche Auseinandersetzung mit dem eigenen Ich empfand ich manchmal regelrecht als Erleuchtung, manchmal aber auch als Bedrohung und Gefahr. Je näher ich mir selbst kam, umso stärker war auch die Angst, wie bei einer Kernschmelze zu explodieren. Der Schuttabladeplatz verdrängter Empfindungen in mir ist wohl doch umfangreicher als ich dachte.

Hinzu kommt, dass all meine Sehnsüchte und Gefühle nach Amsterdam, zu dir streben. Ich bin jetzt zwei Monate auf Reisen. In all der Zeit habe ich schlafend wie wachend von dir geträumt. Ich habe mir dich vorgestellt. Deine lange, hagere Gestalt, deinen manchmal komisch wirkenden, leicht wippenden Gang, deinen dunklen Wuschelkopf, dein schönes Profil, dein wunderbares Lachen, deine leicht gekrümmte, etwas zu lange Nase, die bis zu vier Falten wirft, wenn du nachdenklich bist, deine langgliedrigen Klavierspielerfinger. Ich denke an deine Verletzlichkeit, die du ausstrahlst, die Momente, wo man dich glaubt in den Arm nehmen zu müssen, damit du nicht zerbrichst, aber auch die

Geradlinigkeit und Stärke, die du vermittelst, insbesondere wenn es um Dinge geht, die dir wichtig und wertvoll erscheinen.

Hast du gespürt, dass ich mich an unserem ersten Abend zu dritt bei mir im Hausboot in dich verliebt habe, zuerst in deine ruhige, warme Stimme, dann in dich als Ganzes? Ich dachte auch deine Blicke immer wieder auf mich gerichtet zu fühlen, nicht als Gesprächspartnerin, sondern als Cécile. Am Ende der Nacht hegte ich den Wunsch, dass Mark noch heimginge, war andererseits froh, dass er blieb, nicht wissend und unsicher, wie ich mich hätte verhalten sollen mit dir allein. Nachts habe ich meine Hand auf deine Brust gelegt, hast du sie gespürt?

Lieber Raimond,

wie aus unseren Telefonaten hervorgeht – die, leider meist auch oder in erster Linie von mir ausgehend, lebhaft, aber doch allgemein blieben –, ist zwischen Mark und dir eine wahre Freundschaft entstanden. Ich hoffe, ich störe eure Zweisamkeit nicht, wenn ich zurückkehre. Ich hoffe zudem auch, dass die Worte meines zweiten, ebenfalls nicht verschickten Briefes dich nicht – sogar weit entfernt – erröten ließen ob meiner ausschweifenden Liebesgeständnisse. Ich bin bei meinem letzten Zwischenstopp in Barcelona angekommen. Ich wünschte, wir könnten diese fantastische Stadt gemeinsam erobern. Genaueres von der »Stadt der Architekten« an einer anderen Stelle.

Ich habe im letzten Brief deine Verletzlichkeit angesprochen und möchte dir heute von der meinen erzählen. Wie du vermutlich schon erspürt haben wirst, habe ich Angst, mich anderen Menschen zu öffnen, mein eigentliches Ich zu zeigen, ich habe Angst, abgelehnt zu werden, wenn ich die Schleier meines Selbst lüfte, weil ich schon zu oft abgelehnt wurde, habe Angst vor Kritik, weil ich übervoll bin von vergangener Kritik, die verletzend und demütigend war, habe Angst vor weiterer Verletzung, für die ich, mich öffnend, umso mehr Zielscheibe darstelle, habe Angst vor weiteren Wunden, wissend um die Narben, die nie ganz geschlossen werden.

Der Vater: Maßlos in allem, was er tat, fühlte, aufnahm und weitergab. Tief zerrissen, in seiner selbstzerstörenden Hilflosigkeit stets unberechenbar, zärtlich, nicht selten zu zärtlich, und brutal, unfassbar brutal. Ich erinnere mich an einen Bambusstock, Schläge immer dorthin, wo man es am nächsten Tag, im Kindergarten, in der Schule, nicht sah. Angst vor der Stunde, zu der er nach Hause kam, gedemütigt und frustriert von der sinnlosen Tätigkeit, die ihm aus Mitleid noch zugeteilt wurde. Dann das immer gleiche Schauspiel.

1. Akt: Alkohol, in Unmengen natürlich, zunächst sedativ, später meist innere Wut und Qual weckend, Beschimpfungen, Schreie, Aggression, manchmal in tiefer Traurigkeit endend.

2. Akt: Schlaflose Nächte in Furcht verharrend, dass unsichere Schritte sich nähern, sich die Zimmertür noch einmal öffnet, Schweiß vermischt mit Alkoholdunst das Zimmer schwängert, ein Gute-Nacht-Kuss, eine Zunge, eine väterliche Geste, eine Hand auf meinem Schenkel oder dem Herzen, alternativ der Stock, sinnlos den eigenen Frust auf das sogenannte eigene Fleisch und Blut einhämmernd. Das Schlimmste: seine reuigen Tränen hinterher, sein Selbstmitleid.

3. Akt: Lautes Schnarchen, der nächtlichen Stille eine beruhigende Taktung verleihend.

4. Akt: Stöhnen und Fluchen am Morgen hinein in das Bemühen, irgendwie auf die wackligen Beine zu kommen, Hustenanfälle wie kleine Explosionen, der Kühlschrank, die Schublade, der springende Kronkorken, erste tiefe Schlücke, Wiederholung, endlich befreiendes Keuchen, dann zuletzt das erlösende Geräusch des Türschlosses und sich entfernender Schritte.

Die Mutter: Hilflos, gefangen, geschlagen, immer mit Sonnenbrille, wie vom Stockholm-Syndrom befallen, längst nicht mehr fähig, einen Schlussstrich zu ziehen, sich und ihr Kind zu schützen.

Ich zweifle leider sehr, ob ich dir das alles je erzählen kann. Gerne würde ich jetzt in dich kriechen und mich in dir verstecken.

Lieber Raimond,

ich habe letzte Nacht von dir geträumt. Wir waren in einem gemeinsamen Footballteam. Ich war der Quarterback und sollte den letzten entscheidenden Pass werfen. Ich sah die gegnerische Verteidigung auf mich zustürmen, als plötzlich alles in Zeitlupe ablief, der Ball in meinen Händen wurde tonnenschwer, ich konnte ihn nicht mehr bewegen, da liefst du, wieder in Normalgeschwindigkeit, an mir vorbei, nahmst mir den Ball ab und machtest einen grandiosen Lauf zum Touch-down.

Arm in Arm stellten wir uns nackt dem begeisterten Publikum. Mittendrin stand Mark und hielt den Daumen nach unten. Ich schämte mich!

Raimond, ich freue mich so auf dich und fürchte mich gleichzeitig vor morgen, wenn ihr mich vom Flugplatz abholt. Wie wirst du mir begegnen? Liebevoll, aber distanziert wie bisher. Bricht die lange Zeit die Entfernung zwischen uns, die wir beide, wie ich glaube, nicht wirklich wollen, die zu überwinden wir aber scheinbar nicht in der Lage sind. Nimm mich in den Arm und hilf mir, dem Ausdruck zu verleihen, was in mir schlummert und geweckt werden will.

Zugleich habe ich Angst, dass meine Gefühle, Gedanken und Fantasien weit an der Realität vorbeigehen, dass du überrascht, ja erschrocken reagieren könntest, konfrontiert mit all meinen Emotionen, mit meiner Person in der Tiefe meines Ich-Seins.

Ich versuche jetzt, diese Ängste für eine Weile zu verdrängen. Eine Gruppe spanischer Architekturstudenten hat mich heute auf den Ramblas so nachdrücklich gebeten, mit ihnen abends Tapas essen zu gehen, dass ich dem Reflex, Nein zu sagen, widerstanden und spontan zugesagt habe. Also treffen wir uns nachher in einer besonders angesagten Bar im Gotik-Viertel nahe von Santa Maria del Mar. Der Rioja wird mir hoffentlich beim Einschlafen helfen.

Du, schön dich getroffen zu haben und schön von dir getroffen worden zu sein. Gut, dich bald zu sehen und von dir gesehen zu werden. Hoffnung flüstert, dich zu träumen und geträumt zu werden. Ungeduld ruft, die Stunden mögen schnell vergehen. Bis morgen, Raimond.

Kapitel 8

FREUNDE

TROTZ, ODER GERADE wegen ihrer Freundschaft hätte Mark allen Grund, beleidigt zu sein. Für Céciles Rückkehr hat sich Mark im Institut einen Urlaubstag genommen, seinen uralten, wackligen 2CV, im Volksmund liebevoll, aber auch zu Recht *Ente* genannt, reaktiviert, hat dem altersschwachen Motor, begleitet vom ärgerlichen Hupen überholender Lkw, seine letzten Kraftreserven entlockt, um rechtzeitig am Flughafen zu sein zur Ankunft der Maschine aus Barcelona.

Und nun steht er da, am Ausgangsschalter, leicht gehetzt, eine Flasche Prosecco in der einen Hand, zwei Sektkelche und eine Rose in der anderen, sieht Cécile, und was er in ihrem Gesicht entdeckt, ist nicht etwa Ausdruck überschwänglicher Wiedersehensfreude, sondern vielmehr blanker Enttäuschung.

»Ist er dir so abgegangen«, sind Marks erste Worte, als er Cécile in die Arme nimmt. »Schön, dich zu sehen und wieder in Amsterdam zu wissen. Du musst leider noch ein paar Stunden mit mir alleine vorliebnehmen. Raimond muss noch etwas Zeit in Polizeigewahrsam verbringen.

Du solltest dein Geld übrigens als Mimin verdienen, Cécile. Phänomenal, wie du den Ausdruck von Enttäuschung in Erschrockensein verwandeln kannst. Aber sei beruhigt, es gibt keinen Grund zu größerer Sorge. Raimond war gestern Abend mit mir Teilnehmer einer Demonstration, genauer gesagt Gegendemonstration, die den Aufmarsch der selbsternannten holländischen Heimatfront aufhalten wollte. Amsterdam muss für einige Zeit gänzlich schutzlos zurückgelassen worden sein angesichts des immensen Polizeiaufgebots am voraussichtlichen Konfrontationspunkt der beiden Gruppen. Da den uniformierten Herren offenbar langweilig war, wandten sie sich an uns Gegendemonstranten, nuschelten etwas von Gefahr im Verzug und Aufrechterhaltung der öffentlichen Ordnung und forderten uns auf zum Rückzug. Trotz dieses deutlich ausgesprochenen Platzverbots platzte Raimond schon jetzt, und zwar der Kragen. Durchaus angemessen formuliert, zugegebenermaßen etwas zu laut, befragte Raimond unsere Gesetzeshüter nach ihrem offenbar verschobenen Demokratie- und Rechtsverständnis.

Den letzten Begriff hätte er vielleicht etwas weniger gedehnt aussprechen können. Jedenfalls verhießen die Minen der Polizisten, dass sie für ihn zunehmend jedes Verständnis verloren. Raimond bohrte nach, ob ihr offensichtlich Schaden nehmender Gemütszustand vielleicht darin begründet liege, dass sie sich viel lieber auf der anderen Seite der Demonstrationsveranstaltung aufhalten würden.

Einen Wimpernschlag später lag Raimond niedergeworfen am Boden, fünf Polizisten auf ihm. Im allgemeinen Gewirr von Körpern einigte man sich offensichtlich, wer Raimond die Handschellen anlegen und wer ein paar erzieherisch wirksame Schläge austeilen dürfe. Daraufhin schleiften sie ihn zu einem der Einsatzwägen. Seitdem sitzt er in Gewahrsam.

Da sie ihn vorläufig nur 24 Stunden festhalten dürfen, wird er schon heute Abend, hoffentlich wohl gelaunt ob der neugewonnenen immensen Lebenserfahrung, wieder in unserer Mitte weilen. Wir haben uns zur Feier seiner wiedererlangten Freiheit heute Abend bei meinem Wohnwagen verabredet.«

Cécile schweigt eine Weile, wissend, dass es an ihr wäre, die Situation aufzulösen. Mark hatte seinen sarkastischen Monolog nur gehalten, um seine Enttäuschung zu kaschieren. Doch noch konnte sie nicht sprechen, musste an Raimond denken, liebte ihn für den Mut in seinem träumerisch veranlagten Inneren. Spontan fiel ihr Thomas Morus ein: »Wer keinen Mut zum Träumen hat, hat keine Kraft zum Kämpfen.«

»Bitte sei nicht böse, Mark«, spricht sie endlich, »es ist so schön, dich wiederzusehen, es war Heimat, deine Arme zu spüren. Vielen Dank, du Lieber. Ich war zu Unrecht enttäuscht, dass es Raimond scheinbar nicht wichtig genug war, auch zu kommen.«

Leicht beschwipst erreichen sie den Campingplatz und halten vor Marks Wohnwagen. Beziehungsweise ein Wohnwagen war das skurrile Gebilde nur in seinen Anfängen. Mark wohnt – mangels für ihn bezahlbarer Wohnungen in Amsterdam – seit seinem Studienplatzwechsel auf dem Campingplatz. Zunächst in einem kleinen, von ihm restaurierten Wohnwagen, den er dann nach und nach ausbaute. Einem großen Vorzelt folgten diverse Holzanbauten mit Strohdächern, eine weinüberwucherte Holzterrasse, von der aus man über eine aberwitzige Treppenkonstruktion in eine nebenstehende Buche gelangt, in der Mark ein Baumhaus installierte. Dieses dient ihm – vorausgesetzt, er ist ausreichend motiviert, die Treppe zu erklimmen – als Schlafzimmer. Mit bunten Planen verkleidet, mit Stahlseilen verspannt, bildet eine Konstruktion aus alten Baugerüsten, die den gesamten Unterbau umspannt, eine Art Außenmauer. In das Gerüst eingelegte Eichenholzbalken dienen sowohl als Flachdach als auch als Dachterrasse, die wiederum überzogen ist von einem Schrägdach aus Glas. Eingearbeitet sind Solarzellen, die das Gesamtkonstrukt mit Energie versorgen. Durch eine Unzahl von Pflanzen, einige Palmen darunter, insbesondere aber diverse Rankenpflanzen, die fast alles überwuchern, bleibt für Uneingeweihte die Ursprungsgestalt nicht nachvollziehbar. Die Innenverkleidung wird von Gipswänden gebildet, die unterschiedlich beleuchtet werden können. Einzelne Auslassungen gewähren Zugang zum ursprünglichen Baugerüst. Wer möchte, kann somit im Inneren der Wand spazieren gehen, sich auf unterschiedlichen Gerüstebenen bewegen, durchaus Gefahr laufend, eine Weile nicht mehr den richtigen Ausgang zu finden. Angeschlossen an die Wasserversorgung und Kanalisation bietet Marks Haus auch alles für die Befriedigung grundlegender, menschlicher Bedürfnisse. Die Ausbauten geschahen mit ausdrücklicher Erlaubnis des Eigentümers des Geländes, der nicht zuletzt selbst davon profitiert. Das Fantasiehaus Marks hat längst eine gewisse Berühmtheit erlangt und zieht zahlreiche Schaulustige an, die bewirtet werden wollen.

»Es lebe der Formalismus!«, schimpft Cécile, auf Raimonds

Gewahrsam anspielend, nachdem sie sich in einem Hängestuhl auf Marks Terrasse verkrochen hat. »Es lebe die Simplifizierung! Zu Grabe tragt Nachdenklichkeit und alle Reflexion, setzt die Segel der Intoleranz und Ignoranz, über Bord mit Erkennen und der Suche nach der Wirklichkeit, einfache Lösungen auf die Waagschale der Justitia, als Gegengewicht die Wahrheit, die zu leicht befundene! Auf zur Parade: Konformismus und Normengläubigkeit, Befehl und Gehorsam. Blast dem Ich den letzten Zapfenstreich, der Freiheit und der Ungebundenheit, einen Orden für Parolen, Arrest erteilt der eigenen Meinung, eigenen Worten, ein Hoch auf den Schein, ein Abgesang dem Licht!«

»Auf zum letzten Gefecht«, spottet Mark, bezieht seine Aussage allerdings auch auf den Eimer mit kühlem Bier, den er mittels Seilzug aus einem, gemeinsam mit Raimond, selbst gehobenen Brunnen zieht. Beide stoßen mit den ersten geöffneten Flaschen an.

»Leider hast du nur zu recht, Cécile. Deine Worte, besonders über die Normengläubigkeit und den Formalismus, erinnern mich an letzte Woche. Bei der Altphilologentagung in München – ich hab dir noch gar nichts Näheres berichtet – ging es thematisch auch um die Frage der weiteren Vermittlung alter Sprachen in der Schule von heute.

Was ein deutscher Kollege berichtete, war erschreckend. Wo wir uns Gedanken machen, ob alte Sprachen und Denkweisen auch jungen Menschen noch nahezubringen sind, stellt sich längst die Überlegung, ob an den Schulen überhaupt noch Bildung stattfindet. Übervolle und detailbesessene Lehrpläne, die zu punktuellem Auswendiglernen geradezu zwingen, überforderte, ständig mehr belastete Lehrkräfte, an deren Image – selbst von höchsten Politikern – auf peinlichem Niveau gesägt wird, deren Lehrbefähigung infrage gestellt wird, gegen deren Entscheidungen es Mode geworden ist, gerichtlich zu klagen, aus allen Nähten berstende Schulen, die nebenbei nicht mal die finanziellen Mittel bewilligt kriegen, um mit modernen Lehrmitteln zu unterrichten, bestens examinierte Lehrer ohne Job, anstelle derer Hausfrauen und Studenten den Unterricht übernehmen, schlecht ausgebildet und häufig überfordert, aber billig.

Er erzählte, die Gesellschaft schreie nach Ganztagsschulen, während die Politik, Beifall heischend, Zustimmung vermittelt und dabei nicht mal den Anschein erweckt, den ganztägig an der Schule geforderten Pädagogen wenigstens geeignete Arbeitsbedingungen zu garantieren oder sie gar wegen mehr anfallender Belastung besser zu bezahlen.

Sinnlose, meist sachfremde Vertretungen selbst am Nachmittag, nur um publikumswirksam Beschwerden von Eltern zu begegnen, die selbst keine Zeit mehr finden, ihre Kinder zu betreuen und zu erziehen.

Und über allem thronen oft obrigkeitsbeflissene und formalgläubige Schulleiter und insbesondere eine ahnungsfreie Politik, die aufgrund negativer Rückmeldungen ständig nachbessert, ohne ausreichend vorgedacht zu haben.

Die Folge ist große Frustration auf allen beteiligten Seiten. Wenig motivierend wirken sicher die formalistisch geprägte Form der Besetzung wichtiger Schlüsselstellen in den Schulen sowie das gänzlich veraltete Beförderungssystem. Reihenweise gute Ideen und Innovationen zerbröckeln in der Folge nicht mehr zeitgemäßer Formalstrukturen, unüberlegter Adhoc-Regelungen und letztlich der fehlgeleiteten Investition durchaus vorhandener Ressourcen. Und keiner steht auf, sich gegen diese Situation zu wehren: Nicht Lehrer, nicht Schüler, nicht mal die verständigeren Politiker.«

»Schau dir das an, Mark, als hättest du berechtigterweise auch da oben jemanden in Rage geredet. Komm, lass uns hochgehen.«

Die heranziehenden Gewitterwolken wirken zunehmend bedrohlicher, Blitze erleuchten den Horizont. Mark und Cécile begeben sich zwei Stockwerke höher. Unter dem Glasdach des skurrilen Wohnkonstrukts bieten Gewitter ein eindrucksvolles, wenn auch – der nebenstehenden Bäume wegen – nicht ganz ungefährliches Schauspiel.

Beide nippen an ihrem Bier, blicken fasziniert in die schnell ziehenden, sich immer wieder neu übereinander türmenden

Wolken. Der Wind, der in luftigen Böen am Baugerüst zerrt, versetzt auch die Dachterrasse periodisch in Schwingungen, die als Vibrationen bis in die Fingerspitzen zu spüren sind. Cécile, die grundsätzlich Sturm und Gewitter liebt, beschleichen in der Unmittelbarkeit der Naturgewalten, nur durch ein paar Meter Glas geschützt, erste Formen von Panik. Langsam rutscht sie näher zu Mark, um letztlich gänzlich in dessen Armbeuge zu verschwinden, als das Wetter direkt über ihnen tobt. Der Donner und der aufs Dach prasselnde Hagel vermitteln das Gefühl, sich direkt in einer Waschtrommel zu befinden.

Langsam nur lockern sich allmählich die Wolken, lassen Teile des spätabendlichen, tiefblauen Himmels frei. Zunehmend kehrt Licht und Wirklichkeit zurück.

Unten, einige Meter vom Haus entfernt, kann man schon seit geraumer Zeit Raimond stehen sehen, völlig durchnässt, reglos, irgendwie an eine zerzauste Vogelscheuche erinnernd, den Blick starr auf die Dachterrasse gerichtet. Von hier aus beobachtet er das seltsame Szenario eines scheinbaren Liebespaars, eng ineinander verschlungen, zunächst nur von aufleuchtenden Blitzen kurzfristig grotesk beleuchtet, jetzt zunehmend vom Licht eingefangen, ohne sich voneinander zu lösen. Raimond hat das Gefühl, sich nicht mehr bewegen zu können, sein Blick eingefroren auf diesen einen Punkt, diese eine Situation.

In seinem Inneren wogt der Kampf zwischen Vernunft und Emotion. Er weiß um die Harmlosigkeit der sich ihm darbietenden Szene, trotzdem treibt ihn die Angst, Angst etwas zu verlieren, was paradoxerweise noch gar nicht zu ihm gehört, das er aber mit jeder Faser will, wonach er sich seit Wochen fast schon schmerzlich sehnt, das für ihn durch die Dauerhaftigkeit seiner Fantasien schon fast Wirklichkeit geworden ist. Er wollte Cécile entgegenfliegen, hoffte, dass sie dasselbe tun würde, wollte sie umarmen, nie mehr loslassen, küssen, liebkosen. Wie naiv von ihm, nur seinen Gedanken entsprungen, durch nichts weiter begründet.

Natürlich war der Mann bei Cécile sein bester Freund, natürlich hatte nur das Unwetter die beiden nahe zusammenrücken lassen und doch offenbart sich ihm die scheinbare Lächerlichkeit seines eigenen Wollens, erschreckt und desillusioniert ihn in diesem Moment die Unzähligkeit der möglichen Lebenswege Céciles, die Beliebigkeit denkbarer anderer Partner und Lieben. Warum sollte es gerade er sein, Raimond, Fabrikantensohn, unscheinbarer, verzottelter Schlacks mit zu langen Fingern und einer grotesk wirkenden, viel zu großen, schiefen Nase, die stilbildend sein Gesicht verunziert.

Mit zunehmender Aufhellung wird auch der Platz um das Haus beleuchtet. Erst aus dem Augenwinkel, als nicht wirklich empfunden, zunehmend als real wahrnehmend, braucht Cécile noch einige Sekunden, um dem optischen Reiz eine körperliche Reaktion folgen zu lassen. Sie springt auf, ruft, nein schreit Raimonds Namen und rennt zur Treppe. Mit jedem Schritt schleicht ihr ins Bewusstsein, wie starr Raimond im Regen stand, wird ihr klar, welchen Anblick sie und Mark geboten haben müssen, was in Raimonds Kopf vorgegangen sein könnte.

Auf jeder Treppenstufe werden ihre Beine schwerer, die Knie weicher. Endlich im Freien im Angesicht Raimonds, kann sie keinen Schritt mehr gehen. So stehen sich die beiden bewegungslos gegenüber. Spannung breitet sich aus, der Situation völlig unangemessen, entstanden aus Unsicherheit, inneren Nöten und unnötigen Fantasien.

Die Erwartung und Vorfreude war bei beiden so groß, so über die lange Zeit gewachsen, dass sich jetzt auch die Enttäuschung reichlich Platz nimmt. Nur langsam löst sich die Starre und sie bewegen sich wie in Zeitlupe aufeinander zu. Es folgt eine kurze, beinahe unbeholfen wirkende Umarmung, die dem Hohn spricht, was in Wahrheit in den beiden vorgeht.

Irgendwie erstaunt lösen sie sich voneinander, Enttäuschung steht in ihre Gesichter geschrieben. Der folgende Dialog könnte einer Doktorarbeit über paradoxe Kommunikation entstammen:

»Schön dich zu sehen, Raimond.«

»Ja, tut mir leid, dass ich nicht …«

»Mach dir keine Gedanken, Mark hat es mir schon erklärt.«

»Ich weiß nicht, ob es das wert war.«

»Doch, war es gewiss. Man kann nicht alles hinnehmen.«

»Wie war deine Reise?«

»Hervorragend, viele eindrucksvolle Erlebnisse, aber jetzt muss ich erst mal ankommen.«

»Verstehe ich … na dann, herzlich willkommen.«

»Tolles Wetter zum Empfang, wir haben es schon reichlich schön getrunken. Warum bist du nicht gleich hochgekommen?«

»Nach dem Tag in der Mehrfachzelle tat die frische Luft gut, außerdem wollte ich nicht stören. Es sah so vertraut aus.«

»Ach was, ich bin aus purer Angst in Marks Arme geflohen.«

»Ja.«

»Was ja?«

»Ja, so sah es aus. Da kommt Mark übrigens. Mark, ich hab zur Feier meiner wiedergewonnenen Freiheit zwei Flaschen Rotwein mitgebracht. Bitte sofort öffnen. Ich muss mich, denke ich, heute gepflegt betrinken nach der eindrucksvollen Erfahrung mit staatlicher Autorität. Der Begriff *Rechtsstaat* hat eine völlig neue Dimension gewonnen. Von *denen* wurden nur die Personalien aufgenommen.«

Stunden vergehen. Stunden, in denen über Staat und Demokratie diskutiert wird, später über die Unzulänglichkeiten der Welt im Allgemeinen wie im Besonderen. Nur das eigentliche, im Raum stehende, um Aufmerksamkeit bettelnde Thema des Abends bleibt ausgespart.

Schließlich platzt Mark der Kragen und er spielt den Geburtshelfer: »So ihr beiden, ich stecke euch jetzt ins Baumhaus und lasse euch erst wieder raus, wenn ihr all das besprochen habt, was zu besprechen ist, wenn alle Umarmungen stattgefunden haben, die in euch anklopfen, wenn alle Mauern zerbrochen sind, die ihr genau da errichtet habt, wo ihr sie am wenigsten stehen haben wollt. Nehmt euch zwei Flaschen Wein mit und kommt ja nicht zu früh wieder runter. Für alles Lebensnotwendige sorge ich. Und jetzt ab!«

Die Worte Marks kommen so authentisch und eindrucksvoll, dass Raimond und Cécile in ihrer Hilflosigkeit wie zwei kleine Kinder, die ins Bett geschickt werden, die Treppen zum Baumhaus erklimmen. So viel vorne weg: Der Aufenthalt wird genau neun Tage und fünf Stunden dauern.

Zunächst folgen Momente des Schweigens, einzelne schüchterne Satzanfänge versickern in der trockenen Wüste der Sprachlosigkeit. Das, was sie sich sagen wollen, findet noch keine Sprache, die Worte – längst innerlich gesprochen – finden ihren Weg nicht, ihre Gefühle – schon so oft empfunden – scheitern an den Schutzmauern ihres Selbst, Berührungen, Umarmungen – so häufig, fast real erträumt und vorweggenommen – verstummen in der Starre ihrer Angst vor Öffnung und Enttäuschung. Wann endlich ertönen die Hörner, die die Mauern einreißen wie einst vor Jericho? Beide sind bis zum Zerbersten angespannt. Sie spüren die Nähe und Unausweichlichkeit dessen, was auf sie wartet.

Endlich, nach einer kleinen Ewigkeit, bewegen sich in kaum wahrnehmbarer Geschwindigkeit zwei Hände aufeinander zu. Im Halbdunkel einer einzigen, gegen die Nachtschwärze ankämpfenden Kerze, begegnen sich Fingerspitzen, zucken kurz – wie elektrisiert – zurück, finden sich wieder, beginnen Stück für Stück, Zentimeter für Zentimeter, die ersehnte Hand zu entdecken. Die Hände schließen einander ein, verkriechen sich im Schutz der anderen, fangen an, sich zu bewegen und zu streicheln, erzählen sich erste noch ungenaue Geschichten über den anderen, schreiben die Einleitung all dessen, was noch wartet.

Noch hat das Denken die Oberhand, doch die neugierigen Hände sind längst übergelaufen, folgen anderen Befehlen.

Ihr Zusammenschluss löst sich auf, sie verabschieden sich, folgen ihrer eigenen Richtung, erobern neues Terrain, die Arme zunächst, streichen den Hals entlang, erkunden Kopf, Rücken, erspüren Erhebungen und Täler, wandern über Beine und Füße, zählen Zehen, als könnte deren Summe anderes als fünf ergeben, treten nur auf Fingerspitzen die Rückreise an, umkreisen noch keusch Konturen, folgen dem Beckenrand, kehren ins Zentrum zurück, eine haptische Sinfonie wird komponiert.

Cécile und Raimond sitzen sich jetzt nackt gegenüber, die Augen geschlossen, ihre Finger ertasten in jeder noch so kleinen Kontur das Gesicht des Gegenüber, langsam nehmen sich Ruhe und Entspannung ihr Recht, treten Seelen ihre Wanderung an, begegnen sich in der Sprachlosigkeit, flüstern sich ihre Zuneigung zu, entlieben den Verstand seiner Führungsrolle, singen der Vorsicht ein Schlaflied, nehmen Ängsten und Hemmungen ihre Strahlkraft.

Endlich lieben sich die beiden. Die nächsten Stunden werden zu einer einzigen Umarmung. Sie tauchen ein in ein Meer von Farben, Fantasiewelten entstehen und vergehen in ihren Köpfen, entstehen aufs Neue, nehmen Besitz von ihnen, tragen sie fort. Beide öffnen sich in bisher unbekannter Intensität, Lilienkelche umschmeicheln Raimond, öffnen und schließen sich in stetem Wechsel, Lippen treffen sich in zufälligem Spiel.

Zunächst reden nur ihre Körper miteinander, erzählen sich das, was schon lange gesagt sein müsste.

Erst langsam, unsicher und holprig brechen sich erste Worte Bahn, werden zu Sätzen und Zusammenhängen, entwickeln sich zu Geschichten. Unterbrochen nur von kurzen Phasen, in denen ihre Körper ihr Recht fordern, oder sie eng umschlungen der Schlaf umfasst, sprechen sich in einer nicht enden wollenden Abfolge zwei Seelen frei, werfen ihre Fesseln und Beschwernisse von sich, wässern die Trockenheit ihrer Einsamkeit, ersetzen Angst durch Vertrauen.

Nach zwei Tagen bringt ein in Sorge geratener Mark etwas zu essen und zu trinken, um auch der realen Welt ihr Recht zu verschaffen.

Nach acht Tagen verebbt die Rede so plötzlich sie angefangen hat. Beide fallen ermattet in einen tiefen, traumfreien Schlaf, der erst nach einem weiteren Tag endet.

Kapitel 9

GESPRÄCHE IM BAUMHAUS

Gespräche im Baumhaus Teil I

»LIEBE DEINEN NÄCHSTEN wie dich selbst. Und er sprach: Ich gehe noch weiter: Du sollst auch deine Feinde lieben. Und wenn dich jemand auf die linke Wange schlägt, so halte ihm auch die rechte hin. Finden wir in der Bibel an dieser Stelle vielleicht die ultimative Handlungsanweisung menschlichen Lebens?«, fragt Raimond.

»Eine echt spannende Vorstellung: Schenke dem, der dir Böses will oder tat, ganz gleich deine Zuneigung wie dem Freund«, antwortet Cécile, »begegne Aggression mit Empathie, Gewalt mit Umarmung, bösen Worten mit guten, Gier und Geiz mit Großzügigkeit, Schwertern mit deren Schaft. Stell dir hinter dem Aggressor die Person vor und deren Leben, die Gründe, die dazu geführt haben könnten, dass sie so viel Aggression in sich trägt, ihre Schmerzen, die sie mit ihrem Verhalten laut herausschreit, die sie sonst nicht ertragen könnte. Stell dir vor: Die Tränen in den Augen des Gewalttätigen, die er genauso gut anstelle der Gewalt vergießen könnte, wie so oft, wenn er alleine ist.

Entwaffne dein Gegenüber durch deine Friedfertigkeit. Setze Ignoranz Empathie und Verständnis entgegen. Beantworte Gewalt nicht mit Gegengewalt, weiche ihr aus oder lass sie ins Leere laufen. Stelle dir vor: Alle Gewalt verebbt, weil ihr der Reflexionsgegenstand fehlt. Kein Mord, weil kein Motiv vorhanden, kein Raub oder Diebstahl, weil schon vorher gerecht verteilt wurde, Neid und Gier werden überflüssig, Falschheit und Lügen verfangen sich im Netz der Wahrheit, Pfeilspitzen sind der Sinnlosigkeit preisgegeben, weil keine Zielscheibe vorhanden ist.

»Du hast recht, eine spannende Vorstellung, Cécile, aber der Mensch«, wirft Raimond ein, »tut sich doch schon im Kleinen schwer, in der unmittelbaren Kommunikation, oft gegenüber nahestehenden Personen, Verständnis und Akzeptanz zu entwickeln in Momenten, die der persönlichen Vorstellungswelt widersprechen. Schon den »Nächsten« zu lieben, stellt oft ein unüberwindbares Hindernis dar. Und wie stellt man sich eine Liebe vor, die gleich sein soll der zu sich selbst, wenn schon die eigene Existenz, die eigene Person als nicht annehmbar empfunden wird.«

»Trotzdem Raimond: Eine herrliche Utopie – liebende Annahme der Andersartigkeit des Fremden, fremder Kulturen und Denkweisen. Die Erkenntnis, andere Lebensentwürfe nicht nur anerkennen zu können, sondern auch als Bereicherung der eigenen Existenz zu begreifen. Eine Welt ohne Missgunst, ohne Eifersucht, weil man dem anderen gönnt, was ihm gut tut, weil Besitzansprüche als Tabu begriffen werden. Nehmen wir die Liebe: Sie besteht, entsteht, besitzt Größe, ist vielleicht das Größte im menschlichen Leben. Doch sie vergeht, wenn sie muss, und bleibt wirklich nur in Freiheit und wenn sie kann. Liebe kennt keinen Besitz, verblüht in Enge und Angepasstheit. Erst in Freiheit zeigt sie sich in ihrer Eigentlichkeit.«

»Und sie verzeiht keine Zäune, keine Regeln und keine Normen. Wer liebt, verzeiht alles und vergibt alles. Nur wer liebt, kann Schönheit wirklich erkennen und aufnehmen. Aber wir verkennen so oft die heilende Kraft der Liebe, nehmen sie nur so wahr, wie sie unseren Vorstellungen entspricht, nicht, wie sie ist.«

Gespräche im Baumhaus Teil 2

»Schön bist du meine Freundin, kein Makel haftet dir an; rote Bänder sind deine Lippen, lieblich ist dein Mund; von deinen Lippen tropft Honig, ein Lustgarten sprießt aus dir, Würzwein mangle ihm nicht …« (aus Hld 4–6)

»Wie schön sind deine Brüste, wie wohlgeformte, weich gezeichnete Hügel über den ebenen Weiten deines Bauches, wie wohl schmeckt der rote Wein aus deinem Nabel, welch Schmeicheln den Händen, deine Haut zu spüren, die leicht hervorbrechende Gänsehaut, wenn sie berührt wird. Winzigen Senken gleich bilden sich die Grübchen um deinen Hals. Dein ganzer Körper eine Wunderwelt ständig neuer Überraschungen und Schönheiten.

Deine geheimnisvollen Augen, fähig, unendlich tief in einen hineinzusehen, ihre Traurigkeit und Scheu in manchen Situationen, ihr funkelndes Interesse an allem um dich, ihre Schärfe und Weichheit. Irgendwie findet sich die ganze Welt in ihnen, in ihrem Blick wird alles ein wenig schöner, weicher gezeichnet, erhält die Wirklichkeit einen wohltuenden Schleier.

Deine Hände sanft wie der Wind, so frei und grenzenlos. Ihre Berührungen lassen mich schweben, in die Sonne fliegen, im Mond baden, die Sterne spüren. Niemals geahnt, dass es so schön sein kann, einen verwunschenen Garten entdeckt in voller Blüte, nie an süßeren Früchten genascht. Sehnsucht und Fantasie überrollen wie Urgewalten. Menschliche Sprache: unfähig, in Worte zu fassen, was so unermesslich groß ist.

Das Gefühl, Ikarus zu sein, bereit mich mit der Sonne zu vereinen, Schmerz, der so süß ist, dass ich glaube, weinen zu müssen wie ein Kind im Empfinden, ihn nicht ertragen zu können. Meine Arme und Hände zu Schwingen verzaubert, will ich fliegen, nie mehr Schwere spüren, will sehen, hören, schmecken, riechen und dann nichts mehr, wissend, dass nichts Größeres mehr wartet, dass alles Sehnen und Wollen seine Grenzen gesprengt hat und seine Erfüllung in sich trägt.«

Kapitel 10

DAS AMSOA

MARC, RAIMOND UND Cécile sitzen beim Italiener gleich um die Ecke von Céciles Hausboot. Das Lokal nennt sich »Amsoa« und erhielt seinen italienisch anmutenden Namen schon vor über sechzig Jahren. In den Nachkriegsjahren war in dem Gebäude eine Organisation von Amsterdamer Sozialarbeitern untergebracht. Die Amsoa rekrutierte sich aus jungen Leuten, die freiwillig beziehungsweise mangels anderer, sinnvoller Betätigung weitgehend unentgeltlich die Pflege hilfsbedürftiger alter Menschen, Behinderter und insbesondere verwaister Kinder und Jugendlicher übernommen hatten. Mit den Jahren war die Amsoa von staatlichen Einrichtungen geschluckt worden. Zwischenzeitlich waren die Räume in Assoa umgetauft worden, da die zunehmend heruntergekommenen Gemäuer von Stadtstreichern und Wohnungslosen als kostenlose Unterbringungs- und Schlafmöglichkeit genutzt wurden.

Jahre später gedachte eines der Gründungsmitglieder der Amsoa des Hauses, kaufte es für einen symbolischen Preis und ließ es aufwendig sanieren. Heute sind Keller und Erdgeschoss Heimat eines kulinarischen Geheimtipps Amsterdams. Die größtenteils toskanische Küche ist ausgezeichnet, die angebotenen Weine sind von erlesener Qualität. Die Wände des Lokals präsentieren sich größtenteils natursteinbelassen. Die meist auf natürlichem Weg entstandenen Löcher im Gemäuer wurden ausgegipst und bieten Lagerplatz für zahlreiche Meisterstücke italienischer Winzerkunst. In den Wänden lagert heute ein Vermögen.

Die Decken sind geprägt von bauchigen, chromfarbenen Belüftungsrohren, die an überdimensionale Bronchialkanäle erinnern und den Raum mit Luft zum Atmen versorgen.

Antonio, der Padre, mehr breit als groß, wohl selbst sein

bester Kunde, ist der uneingeschränkte Herrscher des Lokals. Er ist omnipräsent, dabei von einer liebevollen, herben Freundlichkeit, die sich erst offenbart, wenn man ihn näher kennt.

Antonio hat den drei Freunden nach einer herzlichen Begrüßung ihren Lieblingsplatz zugewiesen, eine kleine Nische mit uralten Bauernmöbeln bestückt, die sich offen zum Lokal präsentiert und gleichzeitig eine gewisse Abgeschlossenheit bietet.

Cécile, Raimond und Mark unterhalten sich über einen älteren Herrn, der an der Theke sitzt und mit schnellen, tiefen Schlucken Unmengen von Rotwein konsumiert. Alle, die ihn kennen, nennen Luca, genauer Luca Maria Bonetti, nur den Professor, was durchaus ehrfürchtig und anerkennend gemeint ist. Bonetti war bis vor zwei Jahren Professor an der Kunstakademie und zudem ein gefeierter und hoch angesehener Maler und Bildhauer, der zu allen nur erdenklichen Anlässen eingeladen wurde und mit dem sich die Amsterdamer Gesellschaft nur zu gerne schmückte.

Eines Tages zog er sich, für alle überraschend, urplötzlich aus dem Gesellschaftsleben zurück, legte seine Professur nieder und verkroch sich völlig in sein Atelier, ward nicht mehr gesehen, jeder Versuch einer Kontaktaufnahme war sinnlos. Er kündigte alle Termine, Verpflichtungen, seine zahlreichen Verbindungen, seine Wohnung, seinen elitären Freundeskreis, letztendlich sein gesamtes bisheriges Leben.

Seine selbst gewählte Einsamkeit führte, wie geplant, zu einem fortschreitenden Desinteresse an seiner Person. Schließlich geriet er fast gänzlich in Vergessenheit. Lediglich seine Kunst wurde immer begehrter und erzielte, zum Lustgewinn der Häuser, die ihn ausstellten, immense Gewinne. Doch ihn interessierte das alles nicht mehr.

Tagsüber saß er jetzt oft an öffentlichen Plätzen und beobachtete die Menschen, die an ihm vorüberzogen. Er saß meist stundenlang nur da, bewegte sich nur unmerklich, schien gänzlich gedankenverloren, fast wirr. Der Eindruck wurde durch sein mittlerweile zerzaustes Aussehen noch verstärkt.

Er ruhte an seinen Plätzen so selbstvergessen und unauffällig, dass die Vorübereilenden ihn, trotz seines Aussehens, praktisch nicht wahrnahmen, frühere Bekannte ihn nie und nimmer wiedererkannt hätten. Hätte jemand genauer hingesehen, hätte er die aufmerksam blitzenden Augen des Mannes und sein manchmal fast unmerkliches Kopfschütteln bemerkt.

Wenn es das Wetter halbwegs zuließ, übernachtete er im Freien, oft unter Brücken, wo er mit den Obdachlosen lebte oder ganze Tage am Fluss verbrachte, versunken in die Gleichmäßigkeit des vorbeifließenden Wassers.

Wenn es Zeit war, zog es ihn wieder und wieder in die Stadt, ganze Tage und, wenn er bei Kräften war, ganze Nächte. Er war auf der Suche. Er beobachtete, nahm auf, sah die Menschen, die Plätze, die Häuser, sah nach Sonnenaufgang die Arbeiter zu ihrer Beschäftigung eilen, sah die Hungrigen zur Mittagspause in Kneipen und Restaurants gehen, sah, wie Lichter an und aus gingen, sah in die beleuchteten Fenster des nächtlichen Amsterdam, begegnete den Nachtschwärmern und den Heimatlosen.

Als er genug gesehen hatte, begann er zu trinken. Wein und Schnaps wurden seine treuen und steten Begleiter, die er nur verließ, wenn sie über die Wirklichkeit einen dicken Schleier gelegt hatten und ihm ein paar Stunden Schlaf schenkten.

Gerade noch rechtzeitig fand ihn Antonio schließlich am Straßenrand liegend in einer Lache aus Blut und Erbrochenem, abgemagert bis auf die Knochen. Er hob ihn auf, trug, oder besser, schleifte ihn zu seinem Lokal. Er kochte Kaffee, gab ihm kleine, vorsichtige Bissen zu essen, seine erste feste Nahrung seit Tagen, schenkte ihm ein Glas Rotwein ein, führte ihn in seine über dem Lokal gelegene Wohnung, bereitete ihm ein Bett, zog den schon Schnarchenden aus und ließ ihn schlafen.

Am nächsten Tag, nach einigen Gesprächen, hatte sich Antonio schon verliebt in den schrulligen, gescheiten Mann. Auch Bonetti mochte den kauzigen Eigenbrödler auf Anhieb. Ab da kam er täglich ins Amsoa, hatte bald seinen Stammplatz an der Theke des Lokals, verwickelte die Gäste in Gespräche, aus denen diese, ohne das Gefühl belehrt worden zu sein, auf wunderliche Weise mit neuen Erkenntnissen und Ideen hervorgingen.

Er war ein beliebter Gast, auch wenn der Professor sich zu späterer Stunde nach reichlich Wein regelmäßig in sich selbst zurückzog, ein zufriedenes Lächeln im Gesicht, um anschließend die Treppen zu Antonios Wohnung hinaufzustolpern. Antonio hatte ihm bald sein ehemaliges Schlafzimmer, das er seit dem Tod seiner Frau nicht mehr bewohnte, zur Verfügung gestellt. Faktisch wohnten die beiden längst zusammen. Und beide waren zufrieden.

Mark steht mitten im Gespräch auf, läuft zur Theke und spricht den Professor an: »Guten Abend, Herr Bonetti, verzeihen Sie, wenn ich Sie so direkt anspreche, aber unser Gespräch am Tisch dreht sich gerade um Ihre Person, und ich will Sie fragen, ob Sie nicht herüberkommen wollen und uns vielleicht sogar ein paar Fragen beantworten würden. Wenn Sie es wünschen, seien Sie unser Gast.«

Tatsächlich begibt sich Bonetti an den Tisch der drei und betrachtet sie aus leicht amüsierten, aber durchaus neugierigen Augen.

Mark stellt ihm die Gruppe vor. Bonetti lächelt, reicht ihnen die Hand zur Begrüßung, haucht Cécile über seine offene Hand einen angedeuteten Kuss zu und beginnt zu sprechen.

»Lasst mich nicht vor Neugier platzen, was ist euer Begehr, was ist der Grund eures Interesses an mir? Meine einstige Bekanntheit, der abgetakelte Künstler, mein leicht in Unordnung geratenes Äußeres oder gar das ausgiebig genossene Gespräch mit meinem Freund Bacchus?«

»Ohne die Hilfe Ihres Freundes«, erwidert Cécile und lächelt Bonetti zu, »hätten wir uns vermutlich gar nicht getraut, Sie anzusprechen. Ansonsten liegt die Antwort auf die einzelnen Fragen irgendwo in der Mitte. Wir kennen Sie aus Ihrer publikumswirksamen Zeit als kritisch provozierenden, nachfragenden, sarkastisch beurteilenden Beobachter, natürlich als den beeindruckenden Künstler, aber auch als den eleganten Lebemann, der kaum einen Anlass ausließ, sich im

Licht der Öffentlichkeit zu sonnen. Heute sehen wir einen sehr sympathisch wirkenden, leicht zerzausten, Sie verzeihen, müde lächelnden, älter wirkenden Herrn, der, gemessen an seiner Trinkgeschwindigkeit, zielgerichtet Wein trinkt, um einen gewissen Punkt zu erreichen und das möglichst schnell.

Was befindet sich zwischen den beiden Männern, was ist in der Zeit geschehen, was hat die Veränderung hervorgerufen? Womit beschäftigen Sie sich heute? Ich weiß, dass die Fragen sehr persönliche Dinge ansprechen und möchte Sie bitten, das zu entschuldigen und sich zu wehren, wenn es Ihnen unangenehm ist.«

Cécile hält sich unvermittelt die Hand vor den Mund wie als Geste des Schweigens. In Wirklichkeit ist ihr, wie so oft in den letzten Tagen, plötzlich schlecht, sie eilt zur Toilette.

»Wir haben auf Sie gewartet. Ich hoffe, es ist Ihnen recht«, empfängt Bonetti die wenig später zurückkehrende Cécile. Ihm entgehen nicht ihr leicht gerötetes Gesicht und ihr verunsicherter Gang. Cécile gefällt ihm, rein väterlich, denkt er, um sich gleichzeitig einzugestehen, dass er sie – obwohl viel zu jung für ihn – auch als Frau attraktiv findet. Er beginnt: »Ganz schön viele und dabei schwierige Fragen, die Sie mir gestellt haben, Cécile! Nebenbei erleben Sie mich gerade in angenehmster Erregung. Ich scheine drei der selten gewordenen Exemplare der Spezies Mensch begegnet zu sein, die noch wissen, welche Freude ein paar gewählte, nette Worte und ein charmantes Lächeln hervorrufen können. Sie erleben mich allerdings nicht überrascht. Antonio hat schon von ihnen geschwärmt. Also lassen sie mich ein bisschen von mir erzählen. Vielleicht tut es auch mir gut, das alles mal wieder ausgesprochen zu hören:

Aufgewachsen bin ich in einem recht elitären Elternhaus, das viel bot, aber auch viel verlangte. Ich war stets gefordert, einen Schritt weiter zu sein als die anderen, ein wenig klüger und einfallsreicher, eloquenter und charmanter. Ich lernte schnell und wusste mich bestens in Szene zu setzen. Alle Abschlüsse waren hervorragend, meine ersten Kunstversuche erregten Aufsehen, schon während des Studiums wurde ich in den besten Galerien ausgestellt, Assistentenstellen folgten erste eigenständige Lehrberufungen, der Promotion die Habilitation.

Auch die Frauen schwärmten für mich. Mein Aussehen konnte zwar nicht ganz mit meinen Erfolgen mithalten, aber es störte auch nicht.

Der Weg ging gleichmäßig und stets in die gleiche Richtung. Bald war ich, wie Cécile schon angedeutet hat, einer der Mittelpunkte der angesagtesten Gesellschaften. So ging es über viele Jahre weiter, meine Kunst wurde immer teurer, die Universitäten, die mich anforderten, immer erlesener, mein Bankkonto immer voller. Mein Selbstbewusstsein wuchs bis hin zur Selbstliebe. Mir drohte das Schicksal des Narziss, der sich in sein eigenes Spiegelbild verliebte.

Dann vor etwa zwei Jahren auf einer Vernissage stand ich inmitten von rege diskutierenden Teilnehmern der Ausstellung, ein Glas Champagner in der Hand, wie immer kluge Kommentare abgebend, als ohne Vorwarnung der Faden des Damoklesschwerts, das vermutlich schon meinen ganzen Weg über mir schwebte, zerriss. Das Schwert durchschnitt urplötzlich alle Schleier, die mir bisher das Sehen unmöglich gemacht hatten und mich blind hatten werden lassen.

Wie von einer plötzlichen Krankheit befallen, erschien mir die mich umgebende Konversation unerträglich, erinnerte mich an das Geschnatter von Gänsen, das Meckern einer Schafsherde. Das Gehabe der Menschen um mich herum, ihre Aufgeregtheit, ihre wichtigen Gesten mit hohler Mimik vorgetragen, das gekünstelte Lachen und Erfreutsein, die ganze affektierte Scheinhaftigkeit wurden plötzlich für mich sichtbar und erzeugten Schmerzen. So unerträgliche Schmerzen, dass sie mich zwangen, diesen Ort zu verlassen.

Splitternd krachte mein Glas auf den Boden. Ich schubste Gäste zur Seite, ich musste weg, nur weg, in meinem Kopf spielte sich ein Blitzlichtgewitter ab, ein Tablett mit Lachsschnittchen flog durch die Luft, Gäste kreischten und ich lief und lief und lief, bis ich kaum mehr Luft bekam, stolperte weiter und dann erschlug mich die Erkenntnis: Ich lief vor mir selbst davon. Das ganze sinnfreie und unnütze Geschwätz und Getue, das ich auf einmal klar sah und vor dem ich gerade floh, die Menschen, die es verkörperten, das war ich, das war ich selbst. Zumindest war es lange Zeit ein übergewichtiger Teil meines Selbst. Ich beschloss, nie wieder dorthin zurückzukehren, mich anstelle dessen auf die Suche nach den verschollenen und verschütteten Teilen meines Ich zu begeben.

Ich zog mich völlig zurück und beschäftigte mich ungezählte Stunden und Tage mit Denken. Ich saß da und dachte. Mein bisheriges Leben zog an mir vorüber und ich erschrak bei der Betrachtung des Hauptdarstellers, schämte mich ob der Peinlichkeit seines Tuns.

Mein Schämen bezog sich aber nicht etwa auf einen Fremden. Das war ich selbst. Ich war das Objekt meiner eigenen Betrachtungen. Erschrocken wie ich war und hilflos, beschloss, ich mein Leben in einem ersten Schritt radikal zu vereinfachen. Ich wollte zunächst nur weiter meinen Gedanken nachgehen und mich auf die Suche begeben nach eminenteren Bestandteilen meines Seins, oder anders ausgedrückt, nach einem Leben, das anders war, wichtiger, und sinnvoller als das, das ich bisher zu verbringen gewohnt war. Ich wollte beobachten und lernen, lernen von anderen Menschen, was echtes Sein bedeutet, war bereit für einen langen Weg des Erkennens.

Ich dachte, ich fange erst mal ganz unten an, suche nach gescheitertem Leben, versuche zu begreifen, wie Leben nicht funktioniert, begab mich in heruntergekommene Kneipen, zu Obdachlosen, suchte das Gespräch, stunden- und tagelang. Erst viel später sollte ich erkennen, dass ich in dieser Zeit vielleicht das Wichtigste und Intensivste erleben sollte.

Dann lief ich ohne Ziel, endlos, immer beobachtend und suchend, zunehmend enttäuscht von dem, was ich sah, fortschreitend von dem Gefühl begleitet, dass nichts zu finden ist, dass die Menschen so sind, das Leben genau so stattfindet, dass es keine weiteren Geheimnisse gibt, die dem Nichtsuchenden verborgen bleiben, dem Neugierigen aber offenbart werden.

Immer mehr Wein war nötig, um wenigstens abends nicht mehr endlos nachdenken zu müssen, nicht mehr vom Verstehenwollen getrieben zu sein, von der von mir Besitz nehmenden Enttäuschung, sondern in eine farblose, monotone, aber schmerzfreie Dumpfheit hineinzugleiten, die den Schlaf ankündigt. Kurz vor dem Ende hat mich Antonio aufgefischt. Jetzt sitze ich hier.«

»Was haben Sie sich erwartet, Professor«, fragt Raimond, »was haben Sie gehofft zu finden, den großen Sinn hinter dem Menschen? Eine Idee vom Menschen? Das Glück?«

»Der Begriff *Idee* trifft es ganz gut. Was ich finden wollte, war etwas, das den Menschen ausmacht, ihn einzigartig macht, ihn unter anderen Kreaturen auszeichnet und adelt, den unverwechselbaren Fingerabdruck des Menschen, die Menschlichkeit an sich.

Ich suchte nach etwas, das der Welt abginge, gäbe es die Menschen nicht.

Spuren fand ich davon: echte Hilfsbereitschaft, manche freundliche Geste, ehrlich gemeintes Lachen, intensive Umarmungen, wirkliche Liebe und Annahme, Blicke von Verliebten, von Eltern auf ihre Kinder voller Stolz und Sorge, Freude in Gesichtern, Staunen über Schönheit, Leiden und Mitleiden, Trauer und Tränen, Teilen und Anteilnahme, manches echte, interessierte Gespräch, Hilfe und Solidarität. Doch das waren eher die Ausnahmen.

Gehetztsein, Wegsehen, gekünstelte Freundlichkeit und Freude, ausgefahrene Ellenbogen, träge, leere Gesichter, Einsamkeit, totale Ich-Bezogenheit, Ablehnung von Andersartigkeit, Unterordnung und Gehorsam, Kommunikationsunfähigkeit und verlorenes Lachen waren die Regel. Besonders verstörend war es, pausenlos Menschen zu beobachten, die sich mit Freunden treffen, mit ihnen an einem Tisch sitzen und anstatt mit diesen Gespräche zu führen, mit sogenannten Freunden auf Internetseiten kommunizieren. Meist kommen nur noch Gesprächsfetzen zustande, bevor das nächste Gerät klingelt, die nächste Nachricht anklopft, verbunden mit einer schon absurd wirkenden Zwanghaftigkeit, darauf zu reagieren und zu antworten. Offensichtlich haben viele Zeitgenossen mehr Angst, den Anschluss an eine Scheinwelt zu verlieren als den Kontakt zu ihren realen Freunden.

Zahlreiche Gespräche führten auch zu dem Ergebnis, dass die meisten Menschen viel mehr Zeit und Engagement für Dinge aufbringen, die sie gar nicht wollen, als für die, die sie als Ziele und Wünsche ihres Lebens formulieren. Zu viele haben sich, so scheint mir, nicht nur – wie zu Marx' Zeiten – von ihren Tätigkeiten, sondern darüber hinaus von ihrem Leben entfremdet.

Zur Zeit versuche ich, mag die gewählte Methode auch etwas einfallslos erscheinen, zu vergessen, was ich gesehen habe, und trinke so viel, wie es eben geht.«

»Vielleicht nicht der schlechteste Weg«, entgegnet Mark, »lassen Sie uns darauf anstoßen!« Sie trinken, Cécile nippt nur vorsichtig. In den glockenhaften Klang vibrierenden Glases hinein fährt Mark fort: »Vielleicht sind ja die Fragen nach dem großen, eigentlichen Sinn, nach dem Glück, nach der übergeordneten Idee des Seins, nach der Einzigartigkeit des Menschen von uns gar nicht zu beantworten, vielleicht überfordern sie unseren Geist.

Vorstellbar wäre, dass diese Begriffe sich gar nicht auf das Ganze beziehen lassen, sondern nur – wenn überhaupt – in Ausschnitten, in exklusiven Einzelsituationen individuell und subjektiv erlebbar sind, sich einer allgemeinen Betrachtung aber entziehen.

Vielleicht existieren sie gar nicht, das letzte Ziel, die Ideenwelt, das Brahman, das Paradies, das Nirwana. Möglich, dass sie nur Fantasiegebilde des Menschen sind, erstrebenswert empfunden in einer als fehlerhaft erlebten, realen Welt.«

»Möglich, vielleicht, denkbar, aber vielleicht auch möglicherweise anders denkbar!«, ruft Cécile aufgebracht. »Wenn das Fehlen eines übergeordneten Sinns unserer Existenz Schlusspunkt aller Überlegungen wäre, dann wollte ich diese Existenz nicht fortsetzen. Ein Leben im Wissen, dass die Suche nach einem existenzfüllenden Sinn nichts weiter als ein Placeboverfahren ist, um diese Existenz erträglicher erscheinen zu lassen beziehungsweise das Durchhalten bis zum Tod zu gewährleisten, wollte ich nicht fortführen. Ich glaube, ich würde an dieser Erkenntnis verzweifeln, nichts weiter als ein völlig bedeutungsloser Funkenschlag der Zeit zu sein, der letztendlich nur dazu dient, weitere zu erzeugen, um schließlich eine Konstellation aufrechtzuerhalten, die nichts weiter als eine zufällige Laune der unendlichen Energien des Weltalls ist. Ich würde den Funkenschlag etwas früher verlöschen lassen, die Bedeutungslosigkeit gegen das Nichts eintauschen. Ein möglichst schmerzfreier Tod wäre meine erste Wahl, ohne Reue, nicht mehr zu erleben, was noch Sinnloses vor mir liegt, aber auch befreit von jeder Angst die Zukunft betreffend. Warum auch nur einen einzigen, weiteren Tag Leid empfinden, Trauer ertragen, Schmerzen erdulden?

Du, Mark, sprichst bezüglich eines übergeordneten Sinns von einer erstrebenswert erscheinenden Utopie in einer nicht perfekten Welt. Ich behaupte: Es ist eine erstrebens- und lebenswerte und lebbare Möglichkeit. Möglich deswegen, weil wir – auch wenn es einfach klingt – die Liebe haben, die Hinwendung und liebende Zuwendung zu anderen.

Auch wenn ich bei der Suche nach Sinn an allen Orten der Sinnlosigkeit begegnete, so käme ich um einen möglichen Sinn nicht herum: Das Leben anderer Menschen durch mein Verhalten freier, schöner und angenehmer zu gestalten und zwar mithilfe der intuitiven Kraft der Liebe. Intuitiv meine ich, weil diese Liebe nicht der Vernunft obliegt, noch etwa dem Unterbewusstsein. Sie ist das tief in uns verwurzelte und verankerte Wissen um das Gute und die Antriebskraft, es auch zu tun.

Wir müssen der Liebe nur ihre, wie auch immer angelegten, Fesseln lösen und sie freilassen. Wer anderen Gutes tut, schafft Sinn. Wer hasst, zerstört und schafft Sinnlosigkeit. Und wir wissen das alle, indem wir diese Kraft der Liebe intuitiv spüren. Wir müssten nur unser Handeln nach dieser inneren Energie ausrichten und – so banal es klingt – die Welt würde schöner sein, wir würden unser eigenes Paradies erschaffen.«

Céciles Plädoyer folgt langes, nachdenkliches Schweigen.

Antonio bemerkt es und gesellt sich zu ihnen. »Schluss mit Diskutieren, jetzt wird ordentlich gefeiert. Meine Tochter ist heute zu Besuch. Wie ihr wisst, ist sie auch Köchin und hat in unserer Küche ein paar unverschämte Leckereien bereitet. Kommt doch zu uns herüber. An guten Tropfen soll es nicht mangeln zur Feier des Tages und meiner Wiedersehensfreude. Es gibt Rotweine, die verlangen geradezu nach solchen Gelegenheiten, um getrunken zu werden!«

Die Vier erheben sich und begleiten Antonio zu der mitten im Lokal gelegenen, großen Tafel, von der aus seine Tochter schon winkend grüßt.

Sogar der bis über beide Ohren verliebte Raimond bemerkt sofort die Schönheit Juliettas, Mark hingegen ist von ihr hingerissen. Wie hypnotisiert sehen seine Augen nichts mehr als diese Gestalt gewordene Perfektion. Empfinden überkommt ihn, nie Vollkommeneres gesehen zu haben.

Wie in Trance bewegt er sich ein wenig schneller als die anderen zum Tisch, stammelt so etwas wie *buona sera*, verliebt sich zeitgleich in ihr langes, von der Arbeit leicht zerzaustes schwarzes Haar, fragt kurzatmig *posso?*, verliert sich dabei an ihr ebenmäßiges Profil, setzt sich abrupt neben sie, nicht ohne ihren unvergleichlichen Duft einzuatmen, kippt fast vom Stuhl, zerreißt, Halt suchend, beinahe ihr leichtes, beigefarbenes Sommerkleid, schaukelt zurück und sitzt endlich still. Alle, einschließlich Julietta, sind wie erstarrt und staunen über die sich darbietende Szene. Das ganze Lokal scheint für Sekunden totenstill. Endlich bricht Bonetti in lautes Gelächter aus, bittet mit großer Geste um Aufnahme an der Tafel, die schmunzelnd gewährt wird. Die Runde wird zunehmend größer, weitere Freunde und solche, die es gerne würden, gesellen sich hinzu, scheinbar aus dem Nichts erscheint eine Gitarre, erste Lieder werden angestimmt.

Nur Mark sucht noch seinen Rhythmus, auch weil seine redselige Anfangshektik einer eher peinlichen Schwere und Sprachlosigkeit gewichen ist.

Vermeintlich naht Hilfe in Gestalt eines Rosenverkäufers. Mark winkt ihn heran, doch statt eine Blume für Julietta zu kaufen, oder etwas unauffälliger *jeder* Dame am Tisch als charmante Geste ein Exemplar, ersteht er zu einem horrenden Preis das ganze Gebinde und drückt den Strauß gänzlich unvorbereitet Julietta in die Arme. Mit dem Erfolg, dass zum zweiten Mal an diesem Abend alle Blicke auf die beiden gerichtet sind.

Während Mark mit den Augen den Raum nach Fluchtmöglichkeiten abtastet, flüstert er Julietta zu: »Verzeih bitte, du musst mich für völlig verrückt halten und durchgedreht, bedauerst mich wahrscheinlich um die schon so früh auftretende Demenz, wartest schon auf Wärter, die mich holen, ja die mich holen, um mich zurückzubringen dorthin, wohin … nein, eigentlich wollte ich dir sagen, dass ich dich … beneide, ach was, ja doch um deine Kochkunst und alles andere natürlich auch; und dass ich etwas verwirrt bin, warum eigentlich, wahrscheinlich habe ich zu viel Wein getrunken, oder die Luft hier im Raum, ja zu wenig Sauerstoff, um richtig zu denken, und dann die ganze Atmosphäre, die Schönheit … der Tafel, die nicht annähernd mit der deinen … nein schon wieder zu direkt … ich habe mein ganzes Leben noch nicht solchen Schwachsinn geredet, und …«

»Stopp«, und noch mal: »Stopp!« unterbricht Julietta seinen irgendwie charmanten, doch weitgehend sinnfreien Redeschwall. »Bevor du mir gleich einen Heiratsantrag machst, könnten wir uns vielleicht erst noch kurz vorstellen, was meinst du?« Sie spricht das mit einem Lächeln, das jedes Bösesein im Keim erstickt.

»Gute Idee, ich meine das mit dem Heiratsantrag – nein im Ernst, mein Name ist Mark, ich, genauer gesagt wir sind Stammgäste bei deinem Vater, und du bist wohl Julietta, die viel gepriesene und geliebte Tochter Antonios, und du bist – verzeihe bitte noch einmal – so wunderschön, dass ich offenbar meines Verstands verlustig gegangen bin. Ich verspreche, mich ab jetzt zu benehmen.«

»Eigentlich schade«, antwortet Julietta, »ich glaube, ich bin noch nie so amüsant, so hilflos und doch so liebevoll überrumpelt worden wie von dir. Ich bin gespannt, dich kennenzulernen. Nur noch mal alle Blicke auf uns gerichtet, verkrafte ich nicht ein drittes Mal.«

Zunehmend entspinnt sich ein beide fesselndes Gespräch voller Interesse füreinander. Sie unterhalten sich über Bücher und alte Sprachen, Legenden und Sagen, nehmen schon bald ihre Umgebung kaum noch wahr, sprechen über besondere Gerichte, über Zutaten und Gewürze und deren Wirkungsweisen, über Genuss und Sinnlichkeit. Beide sind sich einig, dass die meisten Menschen glücklicher wären, würden sie sich mehr Zeit zum Lesen und zum Essen und dessen Zubereitung nehmen.

Mark probiert zum ersten Mal Austern und widersteht auf ihr Geheiß dem Reflex, sofort zu schlucken, belässt das Tier eine Weile auf seiner Zunge, schließt die Augen und spürt, wie sich das herrliche Aroma des Meeres in seinem ganzen Mund ausbreitet, seine Sinne betört. Er spürt die Wellen und die leicht prickelnde Gischt, hört den Wind übers Wasser streichen, atmet leicht salzige Luft ein. Als er die Augen öffnet, sitzt Julietta nicht mehr neben ihm. Er sieht sie gerade noch in der Ausgangstür verschwinden. So unauffällig wie möglich – denkt er zumindest –, folgt er ihr nach draußen.

»Na, waren die Austern anregend?« Julietta lacht Mark entgegen.

Ohne weitere Worte treffen sich die beiden zum ersten Kuss. In enger Umarmung entführt Mark Julietta zu Céciles Hausboot. Schon auf dem Weg ins Innere fallen ihre Kleider, sie lieben sich in Céciles Himmelbett, nein eigentlich fallen sie übereinander her. Nach einer Weile gehen ihre Münder und Zungen auf Entdeckungsreise. Neckisch verzögernd treibt Julietta Mark erst fast in den Wahnsinn und schließlich zum Höhepunkt.

Auch Julietta öffnet sich Marks Liebkosungen, wie in einem schönen Traum spürt sie seine Hände, seine Zunge, die erste, leichte Gänsehaut, seine Hände an ihren Brüsten, das beginnende kleine Beben ihres Bauches, fühlt das Erschaudern, das sich zunehmend über ihren Körper ausbreitet, empfindet die Anspannung aller Muskeln, sich zur Körpermitte hin ausbreiten. Dann reißen sie riesige Wellen aus aller Wirklichkeit, hinein in eine explodierende Farbenwelt. Langsam zurückkehrend spürt sie die nächste Welle nahen, und die wieder nächste. Irgendwann später übermannt die beiden eng umschlungen der Schlaf.

Julietta erwacht, als Raimond das Boot betritt. Fortgeschritten orientierungslos, wie er ist, bemerkt und grüßt er sie nur beiläufig und fällt ins Bett. Sein letzter Gedanke ist, dass er das unübersehbare, gegenseitige Interesse von Bonetti und Cécile irgendwie als kränkend empfand.

Julietta hingegen sammelt mühsam ihre verstreuten Kleider ein. Ein Netzstrumpf bleibt unauffindbar. Zurück im Amsoa stellt sie mit Erleichterung fest, dass schon fast alle Gäste aufgebrochen sind. Nur Cécile und der Professor sitzen noch an der Bar und unterhalten sich offenbar angeregt. Sie murmelt ein kurzes *buona notte* und begibt sich – trotz fragender Blicke ihres Vaters – zu Bett.

Kapitel 11

ZWEI PROBLEME

»*ANGST BEGINNT DA, wo das Reden aufhört.* Diese Worte stammen von der Philosophin Hannah Arendt, die ich sehr mag, und jetzt habe ich Angst, weil ich nicht weiß, wie und was ich reden soll. Sie müssen mir helfen, Professor«, sprudelt es aus Cécile heraus. »Ich habe Angst, mit Raimond allein zu sein, weil ich dann mit ihm reden müsste.«

»Was hindert Sie um Himmels willen daran, mit ihm zu sprechen? Wenn man Sie beide sieht – verzeihen Sie, ich hatte in den vergangenen Wochen mehrmals das Vergnügen, Sie zu beobachten –, denkt man, kein Erdbeben könnte ihre Liebe erschüttern. Wenn es das ist, was ich schon ahne, und ein paar Details heute Abend sprechen dafür, dann frage ich mich, wo das Problem liegt. Aber sprechen doch Sie«, unterbricht sich Bonetti.

Während Cécile nach Worten ringt, öffnet sich die Eingangstür und Julietta erscheint im Amsoa, wünscht nur kurz gute Nacht und geht zur Treppe, nein sie schwebt durch den Raum, wie Cécile findet, trotz der missbilligenden Blicke Antonios. Raimond ist gegangen, denkt Cécile, aber wo war Mark eigentlich die ganze Zeit?

Die ein Stockwerk höher um die Ecke tänzelnde, lächelnde Julietta gibt ihr die Antwort. Erst jetzt nimmt Cécile ihre Umgebung wieder richtig wahr, bemerkt, dass alle Gäste längst aufgebrochen sind, der Professor und sie an der Bar die letzten Verbliebenen sind, atmet den schweren, leicht säuerlichen Geruch der vergangenen Feier.

Sie beginnt zögernd: »Eigentlich weiß ich es ja schon eine Weile, aber heute habe ich mir die ärztliche Bestätigung geben lassen: Cécile de Jong, 25 Jahre, schwanger in der siebten Woche, kein negativer Befund, alles spricht für eine reibungslose

Schwangerschaft. Welche Ironie, dachte ich: *reibungslos*. Reibungslos ja, wenn der Doktor in der Rubrik ›Vater bekannt?‹: ›Ja‹ hätte eintragen können. Aber das konnte er nicht, weil der Vater unbekannt beziehungsweise unsicher ist.«

»Habe ich Sie recht verstanden, Cécile, Sie wissen nicht, wer der Vater ist?« Bonetti ist ernsthaft überrascht. »Gibt es neben Raimond noch jemand anderen?«

»Nein, natürlich nicht. Das Kind allerdings ist, trotz Pille, entstanden in den ersten Liebesnächten mit Raimond in den luftigen Höhen eines Baumhauses, oder aber – und jetzt kommt das Problem – eine Nacht zuvor in Barcelona. Raimond und ich waren noch kein Paar. Ich war mit spanischen Studenten unterwegs, es floss reichlich Wein und am Ende landete ich bei einem der Studenten, der mir nebenbei sehr gefiel, in dessen Bude. Allerdings verzieh mir mein Magen das fettige Abendmahl nicht. Ich musste mich mehrfach übergeben. Sie verstehen, ich kann jetzt wohl schlecht zu Raimond gehen und sagen: Geliebter, ich bekomme ein Kind; die Chance, dass es von dir ist, liegt bei immerhin fünfzig Prozent, vielleicht sogar ein bisschen darüber. Dazu kommt, dass ich nicht mal weiß, ob er sich überhaupt freuen würde, Vater zu werden. Um das zu verstehen, muss ich Ihnen ein Gespräch wiedergeben, das wir vor einiger Zeit geführt haben.«

Gespräche im Baumhaus Teil 3 (Letzter Tag)

»WELCH EIN AUGENBLICK für Götter, eine Nacht zum Heldenzeugen, so sagt man doch. Stell dir vor, aus dieser Intimität, aus dieser Vertrautheit und Liebe, aus dieser ewig dauernden Leidenschaft heraus, würde ein Kind entstehen, eine kleine Cécile natürlich«, beginnt Raimond und gerät ins Schwärmen:

»Das Kind – da es fraglos perfekt sein würde – hätte selbstverständlich dein Aussehen, deine Augen, dein Gesicht, deine Haare, deine langen Beine. Dazu – wie anders – hätte es deine Intelligenz, ferner deine Neugier, deine Ausstrahlung, deine Sicht aufs Leben. Es wäre ein unvergleichlich schönes Kind. Ich würde meine ganze Liebe mit einbringen.«

»Und es hätte dein Lachen, dein unvergleichliches Wesen«, antwortet Cécile, »deine Fantasie und Kreativität, deinen Mut und dein Herz, deine Verletzlichkeit, die so viel Kraft ausstrahlt.«

Raimond lächelt und gerät doch ins Grübeln:

»Aber kann man so viel Schönheit in unsere Welt setzen, oder anders: Kann man diese Welt einem Kind überhaupt antun? Diese Welt hat keinen Platz mehr, wohl bald keine Luft mehr zu atmen, nicht mehr genug Wasser zu trinken, nicht mehr genug zu essen für alle. Der Mut und das Engagement unseres Kindes könnten zerbrechen an Mauern der Intoleranz und des Konformismus, seine Kommunikation an der Sprachlosigkeit und dem Desinteresse seiner Umgebung, seine Sensibilität an Sturheit und Ablehnung, sein Einsatz an Egoismus und vergessener Solidarität, seine Kreativität an der Banalität unseres Seins. »Außerdem«, fährt Raimond fort, »tue ich mir irgendwie schwer bei der Vorstellung, verantwortlich zu sein für so viel wertvolles Leben um mich. Ich komme so häufig ja schon mit mir selbst nicht zurecht. Wie soll ich ein Kind erziehen, wo ich meinen eigenen Weg noch nicht gefunden habe und nur eines sicher weiß: Dass ich dich liebe?«

Cécile wendet sich wieder direkt an Bonetti:

»Ich konnte und wollte ihm damals nicht widersprechen, Professor. Trotzdem war ich, ohne es erklären zu können, irgendwie enttäuscht. Nicht ganz grundlos endete hier unser Tage währendes Gespräch, wir schliefen völlig erschöpft fast einen ganzen Tag. Darauf verließen wir das Baumhaus und sprachen seitdem nicht mehr über dieses Thema.«

Während draußen über Amsterdam schon die ersten Lichtstreifen den baldigen Sonnenaufgang verkünden, legt Bonetti seinen Arm um Céciles Schulter: »Zunächst, liebe Cécile, sollten Sie Raimond gegenüber, am besten umgehend, die Sprache wiederfinden. Es wirkte heute Abend so, als würden Sie ihn bestrafen wollen. Jedem Versuch, sich Ihnen zu nähern, begegneten Sie mit Ausweichen. Am Ende, denke ich, war er absurderweise auch noch eifersüchtig auf mich, und zudem völlig betrunken. Nach diesem Gespräch – darauf bestehe ich – gehen Sie zu ihm und umarmen ihn kräftig und mit der Liebe, die Sie in sich tragen. Zu dem – zweifellos vorhandenen – Dilemma kann ich nichts weiter sagen als: Sprechen Sie mit Raimond. Ihr Problem wird nicht einfacher, wenn Sie es vor sich hertragen. Sie müssen ihn so rasch wie möglich damit konfrontieren. Er hat es verdient. Und Sie haben es ebenso verdient.«

»Was, wenn er sich von mir trennt, Professor, oder das Kind nicht will?«, flüstert Cécile. »Und um das noch klarzustellen: Ich bin nicht einmal im Ansatz bereit, die Geburt dieses Kindes zur Disposition zu stellen.«

»Das ist auch gut so, aber keiner kann Ihnen versprechen, wie Raimond reagieren wird. Doch wie auch immer die Reaktion ausfallen wird, entspricht möglicherweise die erste nicht der zweiten, und die nicht der dritten, vielleicht wird die vierte oder fünfte erst so sein, dass sie Ihrer beider Liebe zueinander entspricht. Denkbar, dass ihr die Zeit zur Gehilfin nehmen müsst, dass es dauert, bis aufbrechende Wunden verheilen.

Im schlimmsten Fall bedeutet diese ungünstige Konstellation das Ende Ihrer Beziehung. All das können Sie nur sehr bedingt beeinflussen.

Einzig in der Hand haben Sie es, ein aufrichtiges Gespräch zu führen und die Wahrheit zu sagen. Jeder Tag des Schweigens wird dies schwieriger gestalten. Als kleine Aufmunterung kann ich leider nur meine Überzeugung beitragen, dass Sie beide Menschen sind, ohne die diese Welt deutlich ärmer wäre, und dass Sie auf kurz oder lang eine Perspektive und damit einen Weg finden werden, der der richtige für Sie beide ist.«

Cécile bedankt sich bei Bonetti mit einer lang andauernden, ihre entstehende, tiefe Freundschaft besiegelnden Umarmung. Sie wandert, ohne sich später recht daran erinnern zu können, todmüde und reichlich durcheinander in Richtung ihres Hausboots, findet keine Kraft mehr, sich zu entkleiden, legt sich zu Raimond, umklammert ihn mit all ihrer Verzweiflung, streicht ihm die Haare aus dem Gesicht und schläft augenblicklich ein.

Sie werden am nächsten Morgen, leicht erstaunt, wie ineinander verknotet erwachen.

Kapitel 12

ÜBERRASCHUNG

PANIK NIMMT ZUNEHMEND Besitz von Bonetti. Er sitzt als Pilot an Bord eines Kampfflugzeugs, an den Seitenwänden ist schemenhaft F54 zu erkennen, das laute Motorengeräusch seines Fliegers wird zunehmend von einem bedrohlichen Tackern im Antriebsblock übertönt. Sein Motor wurde bereits von unzähligen Maschinengewehrgeschossen durchbohrt. Ein baldiger Absturz wird nicht zu verhindern sein. Hinter sich hört er das gefährlich nahende Dröhnen feindlicher Flugzeuge, er wird erneut getroffen. Bonetti verliert die Kontrolle, sein Flugzeug schlingert dem Boden entgegen, Todesangst kriecht in ihm hoch. Er spürt, wie ihm Schweiß ausbricht und in Bächen an ihm herabfließt.

Er hört noch das Knirschen des Flugzeugs beim Aufprall, dann verliert der Schlaf ihn und der Professor erwacht aus seinem heftigen Traum, erschrocken noch ob der deutlichen Bilder in seinem Kopf. Letzterer erscheint ihm größer als normal und schmerzt zudem unangenehm. Nur allmählich gewinnt die Realität die Oberhand. Doch befindet er sich denn in der Realität? Noch immer vernimmt er die lauten Motorengeräusche. In langsamer Abfolge bemerkt er, dass das Rattern von außerhalb seines Zimmers stammt, steht endlich auf, öffnet das Fenster zur darunterliegenden Straße, nimmt zwei laufende Motorräder wahr, beide mit Beiwagen ausgestattet, darum gruppiert einige junge Leute und, aufgeregt wirkend, ein schon etwas älterer, durchaus gut genährter Herr. An langen Schnüren lassen die unten Stehenden Luftballons mit der Aufschrift 54 vor seinem Fenster tanzen.

Mit der Wahrnehmung kehrt nun auch die Erinnerung zurück. Sie haben unten im Lokal letzte Nacht recht ausgiebig in seinen Geburtstag hineingefeiert. Und jetzt stehen sie da unten, intonieren in bemerkenswerter Kakophonie etwas, das vermutlich *Happy Birthday* darstellen soll, winken dabei heftig nach unten weisend, was ihm wohl zu verstehen geben soll, dass er sich zu ihnen gesellen könnte.

Eine Katzenwäsche und eine starke Tasse Kaffee später findet sich der Professor als Sozius im Beiwagen einer uralten, auf Hochglanz polierten und knallroten BMW wieder.

Ein überraschender Ausflug beginnt. Neben ihm lenkt Cécile das edle Gefährt. Ihre langen Haare quellen unter der Fliegermütze hervor, die als Helm dient. Sie tanzen im Fahrtwind wilde, ungebändigte Figuren. Jauchzend vor Freude winkt sie Julietta und Mark, die eng umschlungen auf der karamellbraunen Zündapp die Besatzung stellen.

Im Beiwagen sitzt Antonio. Genauer gesagt macht er den Eindruck, als hätte man ihn hineingequetscht, Falte für Falte fein säuberlich, und würde ihn nie wieder herausholen können. Sein leicht gepresst wirkendes Erscheinungsbild wird noch unterstrichen durch den viel zu kleinen Helm, auf den er heftig bestanden hatte und von dem er voll Stolz erzählte, ihn schon als junger Mann getragen zu haben. Ähnlich Cécile lässt auch er regelmäßig laute Schreie ertönen, wobei man nicht mit Sicherheit sagen kann, ob es sich bei diesen um den Ausdruck höchster Freude oder um Angst kompensierende Panikausbrüche handelt.

Die fünf sind auf dem Weg nach Zandvoort, direkt am Atlantik gelegen und seiner schönen Strände wegen einer der Lieblingsausflugsorte der Amsterdamer Bevölkerung. Neben den öffentlichen, bewirteten Stränden gibt es auch einsamere Flecken – oft nur durch einzelne Dünen getrennt –, Zielort eher individuell veranlagter Naturen. Einen solchen steuert die Gruppe um den Professor an.

Kaum angekommen rennen sie auch schon in Richtung Strand. Beim Laufen überantworten sie ihre Kleider dem Sand, nackt springen sie durch das flachere Meer, an Hürdenläufer beim Überqueren der Hindernisse erinnernd, stürzen sich schließlich kopfüber in die wartende Kühle und lassen sich – ruhig gleitend – von der samtigen Haut des Meereswassers umspülen. Später spritzen und tollen sie wie die Kinder, sodass man aus der Ferne meinen könnte, eine Gruppe Touristen würde von einem Meerungeheuer überrascht worden sein.

Cécile, Antonio und der Professor verlassen als erste das Wasser. Julietta und Mark bleiben zurück im schultertiefen Wasser in inniger Umarmung. Neptun und Amor teilen sich ihre Hoheitsgebiete. Aus zwei Körpern wird einer, zwei Menschen verschmelzen zu einem einzigen. Mark fällt später die Kugelmenschengeschichte des Aristophanes ein. Er beschließt, sie Julietta irgendwann zu erzählen.

Als Julietta und Mark schließlich das Wasser verlassen, kündigt die tief stehende Nachmittagssonne den heraufziehenden Abend an.

Man sammelt Holz und entzündet ein Feuer, aus dem Amsoa Mitgebrachtes wird gegrillt, nicht enden wollende Geschichten werden erzählt, es wird gesungen, begleitet von Antonios Mundharmonika, gegessen und reichlich getrunken. Zuletzt machen selbst gedrehte Zigaretten die Runde, angereichert mit wohltuenden Blättern, die zur Angebotspalette vieler Amsterdamer Cafés gehören. Die Gespräche werden leiser, von häufigem Kichern begleitet, einer nach dem anderen schläft ein im immer noch lauwarmen Sand.

Nur Cécile sitzt noch Stunden am Strand, die Arme um die angezogenen Knie geschlungen, den Blick voller Bilder aufs Meer gerichtet, in sich versunken an Raimond denkend. Sie sehnt sich nach ihm. Irgendwann erlöst auch sie der Schlaf von ihrer Traurigkeit. Sie erwacht eingehüllt in eine wärmende Decke.

Am nächsten Tag kehrt die Gruppe zurück. Beim Amsoa angekommen bringt Bonetti seine Freude zum Ausdruck und den unvergleichlichen Genuss, wie er sagt, den ihm dieser Tag bereitet hat. »Mich beschleicht mehr und mehr der Verdacht, ihr unternehmt alle erdenklichen Versuche, mir das Dasein wieder lebenswert erscheinen zu lassen. Ich danke euch von ganzem Herzen, verbunden mit einer Bitte, die so groß ist, dass ich sie auszusprechen kaum wage. Ich möchte mich an diesen herrlichen Geburtstag erinnern können und zwar mit den Augen aller, die dabei waren. Meine, wie schon erwähnt viel zu große, Bitte lautet: Könnte vielleicht jeder von euch aus seiner Sicht aufschreiben, wie und was ihr erlebt, gesehen, gehört habt, was euch besonders angerührt hat. Ihr würdet mir eine so große Freude bereiten.«

Sie küssen und umarmen sich zum Abschied und versprechen Bonetti die Erfüllung seines Wunsches.

Kapitel 13

ZWEI BRIEFE

LIEBER FREUND,
ich hatte offen gesagt große Zweifel, ob ich an dem Ausflug überhaupt teilnehmen sollte. Meine letzte Begegnung mit einem Motorrad liegt fast zehn Jahre zurück. Meine Frau Maria lebte da noch, gerade noch. Eigentlich war unsere gesamte gemeinsame Zeit geprägt von Motorrädern. Wir lernten uns kennen, indem ich Maria mit einer uralten Vespa direkt vor die Füße rutschte.

Es war während meiner Kochlehre in Berlin. Ich fuhr in einer kleinen Nebenstraße am Prenzlauer Berg, als sie, noch ein Stück entfernt, die Straße überquerte. Ich sah ihren Gang, ihre federnden Bewegungen und ihr vom Wind aufgebrachtes, beiges Sommerkleid und ihre Schönheit und Anmut und ihre Leichtigkeit und … verlor die Kontrolle über mein Moped.

In unangemessener Querlage näherte ich mich das erste Mal dieser Traumgestalt und blieb vor ihr liegen. Am rechten Arm und Bein verursachten mir eher harmlose Schürfwunden geringfügige Schmerzen. Trotzdem waren meine ersten Worte an Maria Laute des Wehklagens. Sie beugte sich sofort zu mir herunter, ihr Frühling verbreitendes Haar strich durch mein Gesicht. Sie sah ernsthaft besorgt aus. Als ich meinte, ein allmählich entspanntes Minenspiel bei ihr zu erkennen, wurden meine Schmerzen wieder schlimmer, ich stöhnte in geschickten Abständen auf, stellte zunehmend vagere Vermutungen an, was mir zu Bruch gegangen sein könnte, begann sogar schwerer zu atmen, war drauf und dran, ihr eine Mund-zu-Mund-Beatmung vorzuschlagen und spürte urplötzlich und untrüglich, es wohl ein wenig übertrieben zu haben.

Mit ernstem und strengem Ausdruck und eben solcher Stimme meinte sie, man müsse mich angesichts der Schwere meiner Verletzungen sofort in ein Hospital transportieren. Umgehend schlug ich vor, ich könne uns beide auf meiner Vespa dorthin bringen.

Wir lachten beide gleichzeitig los. Nach kurzen Versprechungen, im Weiteren ihre Gesundheit zu garantieren, folgte sie überraschend meiner Einladung, auf der weitgehend heil gebliebenen Vespa Platz zu nehmen und wir fuhren zu einem, natürlich italienischen, Lokal bei den Hackeschen Höfen.

Seitdem verbrachten wir kaum mehr einen Tag ohne einander und verliebten uns ineinander. Darüber hinaus teilten wir von Beginn an die Liebe für Geschwindigkeit. Auf unseren zwischenzeitlich größer gewordenen Motorrädern streunten wir jede freie Minute übers Land.

In den ersten freien Wochen fuhren wir in den Süden. Ich zeigte ihr meine italienische Heimat. Tagelang durchstreiften wir die Toskana. Auf zahllosen Passstraßen, verwinkelten Sträßchen, teils auf Schotterwegen unterwegs, sogen wir diese wunderbare Natur auf. Das satte Grün der Bäume und Sträucher, das typische Rotbraun der erst am Horizont endenden Felder, strotzende Gewürzsträucher groß wie Bäume, den klaren Blick, der sich – in die Ferne verlierend – in nebelartigen, wabernden Luftbewegungen bricht, den unvergleichlichen Duft, den Atem der Toskana. Wer Gott sehen möchte, der sollte einmal toskanische Bergpässe aus der untergehenden Sonne kommend mit seinen Augen genießen. Können Sie jetzt meinen verträumten Blick sehen, Professor?

Wir waren etwa ein Jahr zusammen, als Maria als Biologin an das ernährungswissenschaftliche Forschungszentrum in Amsterdam berufen wurde. Ich beschloss sofort, ihr nicht im Wege zu stehen und ging mit ihr in die Niederlande. Warum sollte ich mein Glück als Koch nicht in Amsterdam versuchen?

Bei einem Spaziergang im Jordaan fanden wir zufällig das Haus, in dem sich heute das Amsoa befindet, versehen mit der Aufschrift *Räume zu vermieten*. Eher absichtslos ließen wir uns das Innere zeigen und waren auf der Stelle begeistert von den alten Kellergewölben, ganz besonders von der Akustik und den differierenden Klangfarben, die sich an verschiedenen Orten im Raum entwickelten. Schon bei der ersten Besichtigung ging unsere Fantasie auf Wanderschaft, zahlreiche Ideen nahmen Gestalt an.

Alleine hätte ich, was folgte, nie gewagt. Doch Marias Enthusiasmus und Mut behielten die Oberhand. Es war ein hartes Stück Arbeit, bis das Amsoa öffnen konnte, aber irgendwie schafften wir es gemeinsam.

Der Anfang gestaltete sich gelinde gesagt bescheiden. Wir wussten oft nicht, wie wir die laufenden Rechnungen begleichen sollten, waren nicht nur einmal knapp davor, aufzugeben, machten doch irgendwie weiter. Dann allmählich lernte das Lokal zu laufen und wir erwirtschafteten zunehmend Gewinn. Wir beschlossen zu heiraten. Besser gesagt: Maria beantwortete mein auf Knien mit einem riesigen Strauß roter Rosen vorgetragenes Werben mit einem lautstarken *Juhu* und einem Luftsprung, gefolgt von der Frage, warum ich mir hierfür so lange Zeit gelassen habe, sie sei schon regelrecht besorgt gewesen. Dann sagte sie nur noch *Ja, du Zauderer*, und nochmals *ja*. Dann fiel auch sie auf die Knie und wir lagen uns in den Armen.

Recht exakt neun Monate später erblickte Julietta diese Welt. Wir waren eine Familie, wir waren angekommen und glücklich, eins mit dem, was war und was die Jahre bringen würden.

Dann wurde Maria immer häufiger krank, ihre Abwehrkräfte spotteten ihres Namens. Nach einer besonders heftigen Grippe ordnete der Arzt genauere Untersuchungen an. Die daraus resultierende Diagnose war niederschmetternd: Leukämie, noch dazu eine besonders aggressive Form. Die notwendigen Behandlungen waren zu viel für ihren von Natur aus eher zarten Körper. Mein Schmerz war unerträglich, dabei zusehen zu müssen, wie dieser unsichtbare Feind meine so sehr Geliebte innerlich zerfraß.

Eines Tages, das Ende ihres Wegs zeichnete sich schon überdeutlich ab, bat mich Maria, noch ein einziges Mal mit ihr Motorrad zu fahren. Gegen alle Vernunft war ich nicht fähig, ihr diesen Wunsch abzuschlagen.

Ich trug sie auf den Armen, schmerzhaft leicht wie sie war, vom Bett ins Freie und setzte sie auf mein Motorrad. Ich sicherte ihre Beine mit einem Gurt, setzte mich vor sie, verzurrte die festen Riemen, die ich um uns beide geschlungen hatte und legte ihre Arme um meine Hüften. Sie klammerte sich, so fest es ging, an mich. Einen Helm lehnte sie ab mit dem süffisanten Hinweis, lebenserhaltende Maßnahmen wohl nicht mehr nötig zu haben. Das erste Mal seit Wochen gelang mir ein Lächeln, das aber schneller gefror, als es gekommen war. Wir fuhren los. Ich nahm Geschwindigkeit auf und meinte hinter mir ein leises Juchzen zu vernehmen. Ich fuhr völlig planlos übers Land und spürte überwältigt von Angst, dass zuerst der Druck ihrer Hände, später ihrer Arme und schleichend ihres ganzen Körpers schwächer und schwächer wurde.

Ich fuhr schneller. Ich hatte den abstrusen Gedanken, wir könnten dem Tod entfliehen und steigerte das Tempo ans Limit, doch der schwarze Begleiter hielt mühelos mit. Einmal kurz hatte ich das Gefühl, ihn abgeschüttelt zu haben, aber an der nächsten Straßenecke wartete er schon mit müdem Lächeln und der Frage im Blick, welchen Zweck ich mit diesem Spiel verfolgte.

Langsam begann ich zu begreifen, dass Maria längst tot war. Ich zog die Riemen noch enger, legte Marias Arme um mich und raste los, von Sinnen und verzweifelt, Tränen verhüllten meinen Blick. Einige Male war ich drauf und dran, Maria zu folgen. Nur das immer wiederkehrende Bild

Juliettas, einsam und hilflos, voller Verzweiflung nach uns rufend, hielt mich letztlich davon ab.

Auf Juliettas spätere Fragen, wo denn Mama sei und wann sie wieder zurückkäme, erzählte ich, dass sie mit dem Motorrad in den Horizont hineingefahren sei und dort auf einer langen Reise unterwegs sei. Nur wir beide könnten sie manchmal sehen, wenn sie Ausschau nach uns hielte und uns winkte.

Jedes Mal, wenn wir nebeneinander an einem Fenster standen, spazieren gingen, auf einer Bank saßen oder zusammen im Gras lagen, spielten wir – mit Blick in die Weite des Himmels – das Spiel, wer Maria zuerst entdeckte. Sobald in der Ferne ein Flugzeug vorbeiflog, wussten wir, dass sie vorbeifuhr, riefen ihr wichtige Dinge zu und winkten, bis ihre Maschine nicht mehr zu sehen war. Die Kondensstreifen der Flugzeuge hielten wir für Auspuffabgase ihres Motorrads. Bei Gewitter hörten wir sogar das donnernde Grollen des Motors, und wir schimpften lächelnd, weil Maria während der Fahrt, offenbar mit Blitz, Fotografien von uns machte.

Ich versprach ihr, dass wir irgendwann auch zum Horizont aufbrechen würden und Maria dort wieder treffen und sie auf ihrer Reise begleiten könnten. Nachts beschlossen wir häufig einen Stern, auf dem sie sich von der Reise ausruhen würde, es durfte nie der gleiche sein, sie war schließlich unterwegs. Dann winkten wir ihr und warfen ihr Küsse zu. Darauf folgten lange Gespräche mit Maria über bedeutende Angelegenheiten des Tags. Zuletzt sprachen wir drei ein gemeinsames Nachtgebet.

Lieber Freund, haben Sie uns bemerkt, Julietta und mich, wie wir in der Nacht Ihres Geburtstags eine Weile eng nebeneinander auf dem Rücken im Sand lagen? Haben Sie sich vielleicht gewundert, dass wir beide Küsse in den Himmel werfend einem imaginären Ziel winkten – Maria befand sich übrigens auf dem vordersten Stern der Achse des großen Wagens –, dass wir nach einigem Gemurmel am Ende ein Gebet sprachen und dann Hand in Hand einschliefen?

Aber wie ich Sie kenne, konnten Sie sich bestimmt einen sinnvollen Reim darauf machen. Vielleicht hat Ihnen ja auch Mark, der neben Ihnen am Feuer saß, das kleine Ritual genauer erklärt. Julietta hat ihm davon schon erzählt.

Etwas lange habe ich nun Begebenheiten erzählt, die mit Ihrem Geburtstag zunächst nur wenig zu tun haben, die die Gründe meiner Empfindungen während unseres Ausflugs jedoch erst richtig verständlich werden lassen. Maria war den ganzen Tag dabei. Sie hat mich begleitet. Wir haben viel besprochen, waren fröhlich und traurig, waren einander unendlich nah und ich war glücklich, weil ich Maria und ihre Nähe nach so vielen Jahren endlich wieder zugelassen habe.

Ich war all die Jahre geflohen und habe mich versteckt, wenn sie sich näherte, habe sie weggestoßen und verdrängt, wenn sie trotzdem zu nahekam. Ich sah ihr Lachen und lachte nicht mit ihr, ich sah ihre Bewegungen und ließ sie erstarren, ihre Hände wollten mich berühren, ich aber wandte mich ab, ich ließ Sturm aufkommen, der sie wie eine Feder davontrug.

Falls gar nichts half, löschte ich das Licht, bis alles dunkel war.

Ich habe mich nicht getraut, ihr zu begegnen, hatte Angst, sie zu sehen und zu fühlen. Aus Furcht, sie Gestalt werden zu lassen und den Schmerz dabei nicht zu ertragen, sperrte ich sie in die dunkelsten Kellerräume meiner Erinnerung.

Ihr Freunde habt mir die Gelegenheit und wohl auch den Mut gegeben, Maria auf dieser Reise wiederzuentdecken, sie in mir, in meiner Seele wieder aufleben zu lassen.

Ich kann kaum ausdrücken, wie froh ich war, welche Heiterkeit sich in mir ausbreitete. Sie saß während der Fahrt neben mir auf dem Motorrad, ihre Haare wehten wie früher im Fahrtwind. Sie lachte zu mir herüber. Sie strahlte, war so lebendig, alberte mit uns im Meer, war fast schon physisch präsent und ich war frei, frei von Phantomschmerzen, endlich frei, sie zuzulassen. Ich atmete ihre Liebe und gab ihr die meine. Maria saß lächelnd am Feuer, begleitete mein Mundharmonikaspiel mit ihrem Gesang. Und sie war bei unserem geliebten Ritual so nah wie nie zuvor.

In den vergangenen Tagen kam mir die Geschichte der Emmaus-Jünger in den Sinn, die Jesus nicht an seiner Gestalt erkannten, sondern an seinen, ihnen so vertrauten, Handlungen und Gesten, die sie glauben machten, dass er den Tod überwunden habe und wieder unter ihnen sei.

Ähnliches verspürte ich. Maria war nach langer Zeit in mir wieder auferstanden. Sie lebte wieder, war wieder ein Teil von mir.

Als ich am Meer neben Julietta leicht fröstelnd erwachte, stand ich kurz auf und deckte Julietta zu und zog mir einen Pullover über. Dabei sah ich die traurige Cécile im Mondlicht am Strand sitzen, paradoxerweise ein Bild gemalt wie für eine romantische Ansichtskarte. Sie tat mir leid. Ich war versucht, zu ihr zu gehen und sie in den Arm zu nehmen. Als ich näher kam, merkte ich, dass sie in ihrer zusammengekauerten Sitzhaltung schon schlief. Ich legte auch über sie eine der mitgebrachten Decken und bettete sie vorsichtig in den Sand. Ich hoffe so, dass sie Raimond wiederfindet und er sie.

Ich möchte meine Liebe zum Ausdruck bringen, zu Ihnen, Professor, und zu unseren Freunden. Danke für diesen Tag. Ihr Antonio.

LIEBER BONETTI, PROFESSOR, Freund und Weggefährte, einst zu Vorzeiten war die Gestalt des Menschen eine andere, sie war kugelförmig. Diese Gestalt besaß alle Merkmale des heutigen Menschen in doppelter Ausführung, vier Arme, vier Beine, Geschlechter, je nachdem – gleich oder ungleich – auch in doppelter Form, auch zwei voneinander abgewandte Gesichter. Die Menschen bewegten sich nicht im Gehen, sondern wie Räder sich drehend um die eigene Achse. Sie waren zudem sehr stark und mächtig, so mächtig, dass sie zunehmend hochmütig wurden, die olympischen Götter nicht mehr ehrten und diesen die obligatorischen Opfer versagten.

Zeus, der wie so oft von Emotionen getriebene Göttervater, ward darüber so zornig, dass er nur durch gutes Zureden der anderen Götter davon abgehalten werden konnte, jeder dieser kugeligen Gestalten ihre Überheblichkeit mit einem seiner tödlichen Blitze auszutreiben.

Als abgemilderte Strafe teilte der erboste und nicht weniger eifersüchtige Zeus die Kugelmenschen in zwei Teile. Die dadurch entstandenen Hälften strebten orientierungslos – jetzt laufend – in alle Himmelsrichtungen auseinander. Als die jeweiligen Hälften eines Kugelmenschen endlich bemerkten, dass sie das eigene Pendant schmerzlich vermissten, war es schon zu spät, die Entfernung zu groß. Sie wurden auf der Suche nach ihrer eigenen Entsprechung nicht fündig.

So ist es seit jener Zeit das Schicksal des Menschen, sein Leben zu verbringen, voller Sehnsucht und Verlangen, suchend nach dem Menschen, dessen Ich dem eigenen dasselbe ist und beide wieder eint.

Wie Sie vermutlich wissen, verehrter Freigeist, der Sie den schönen Dingen Ihre besondere Zuneigung schenken, stammt die Geschichte der Kugelmenschen von Aristophanes aus dem »Symposion« des Platon, im Verlaufe dessen in illustrer Runde – auch Sokrates war anwesend – freie Reden dargeboten wurden über den Eros und die Anziehungskraft menschlicher Beziehungen.

Die Geschichte beschäftigte mich während Ihres Geburtstags gleich zweimal. Zunächst als ich mit Julietta nach der ersten Baderunde allein im Meer zurückblieb. Wir umarmten und küssten uns, der leicht herbe Geschmack des Salzes wich zunehmend dem wunderbaren Duft menschlicher Haut, die von der Sonne beschienen wird, Juliettas blaue Augen, dem Meer fast gleich, ihr Atem, ihr Geruch, ihr Körper. Ich hatte tatsächlich das Gefühl, meine andere Hälfte gefunden zu haben, mit ihr zu verschmelzen, ganz Kugelmensch zu sein.

Dann tauchten wir unter ins Meer, stumm, ohne Worte hielt ich nur mit Gesten um Juliettas Hand an. Es muss wunderbar absurd ausgesehen haben.

Als sie zu meiner Verblüffung verstanden hatte, was mein Begehren war, und heftig nickte, zog ich den Ring, den ich in einem kleinen Beutel um meinen Hals trug, aus seinem Versteck und streifte ihn über ihren Finger. Heftig nach Luft ringend durchbrachen wir die Wasseroberfläche und hielten uns ohne Worte fest. Ich denke, außer ihrem Vater ist niemandem aufgefallen, dass Julietta mit Ring dem Meer entstieg.

Das zweite Mal erging es mir so, als wir zusammen am Feuer saßen und Sie gerade Ihre Gedanken entwickelten zur heilenden Kraft der Kreativität, oder auch aller Formen künstlerischer Tätigkeit.

Als ich alle so sitzen sah, empfand ich ein tiefes Gefühl der Zugehörigkeit und Aufgehobenheit, auch des Stolzes, euch alle meine Freunde nennen zu dürfen. Kurz kam mir der Gedanke, ob Zeus einst den Urmenschen wohl mehrfach bestraft hat und damit nicht nur einmal geteilt hat und unser Kreis, bei aller Unterschiedlichkeit der einzelnen Teile, einem großen Ganzen entspringt. Mir würde jedenfalls ein beträchtlicher Teil fehlen, wenn nur einer von euch wegfallen würde.

Umso schmerzlicher ist es, dass Raimond sich auf unbestimmte Zeit zurückgezogen hat. Ich denke, wir vermissen ihn alle sehr. Mich beruhigt aber, dass ich ihn überreden konnte, sich zu meinem alten Freund und Mentor Pater Paulus in Obhut zu begeben. Ich hoffe, er wird ihm helfen, wieder seine Mitte zu finden, seine tiefen Gefühle für Cécile über seine Verletzungen obsiegen zu lassen, um zu ihr und damit auch zu uns zurückzukehren.

Es ist ein unglaubliches Geschenk, euch, und im Speziellen auch Sie, kennen und erleben zu dürfen. Danke Professor, nicht nur für diesen Tag.

Kapitel 14

SPAZIERGANG

ZWEI PERSONEN, DIE unterschiedlicher nicht sein könnten, verlassen die Eingangspforte des altehrwürdigen, barocken Klostergemäuers. Der eine, ein großer Schlacks Ende zwanzig, etwas ungelenk hüpfend, mit Jeans, T-Shirt und Turnschuhen bekleidet, der andere ein alter Mann, hager und grauhaarig, nie besonders groß gewesen, mit den Jahren noch kleiner geworden, auf den ersten Blick zerbrechlich wirkend in seiner zu weit anmutenden Benediktinerkutte. Sein fester Gang und seine schlauen, neugierig blitzenden Augen stehen auffällig im Gegensatz zu seinem restlichen Erscheinungsbild.

Sie steigen die Treppe des Eingangsportals hinunter, während die uralte schwere Klostertür, von lautem Quietschen und Knarren begleitet, zurück ins Schloss fällt. Sie laufen zunächst durch den Vorgarten der Abtei, vorbei an majestätischen Eichen, die das Bild der Frontseite dominieren und deren Alter nicht einmal von den ältesten Mönchen datiert werden kann. Zahlreiche Handwerks- und Wirtschaftsgebäude ziehen an ihnen vorüber, eines von einem kürzlich ausgebrochenen Brand noch gekennzeichnet, auch die stillgelegte Brauerei, deren Erzeugnisse einst beträchtlich zur Bekanntheit des Klosters beigetragen haben, die spärlich genutzte Gärtnerei, die größtenteils ungenutzten Viehstallungen.

Ihr Weg führt sie auf immer enger werdenden Pfaden hinauf auf die ans Kloster anschließenden, mischbewaldeten Hügel. Der dichte Wald bietet ihnen angenehme Kühle gegen die heraufziehende Sommerhitze. An geeignetem Ort setzen sich die beiden auf den Stamm eines entwurzelten Baums, ein Platz, der wie zufällig einen herrlichen Blick preisgibt auf das im Tal gelegene Kloster und den Fluss, der die Anlage in einer großzügigen U-Form umgrenzt. Er war einst wichtige Verkehrsader für die Abtei und hat für alle, die dem Wasser etwas Fröhliches zusprechen, der weiten Auenlandschaft Höhlungen wie zwei breite Lachfalten ins Gesicht gezeichnet.

»Hier, Raimond, nehmen Sie einen Schluck Wasser aus meiner Flasche«, spricht Pater Paulus endlich die ersten Worte der bisherigen Wanderung. »Danach verordne ich Ihnen ein Enzian-Extrakt, das ich mitgenommen habe als Notfallmedizin gegen chronische Redehemmungen.« Der Mönch lächelt Raimond an. »Im Ernst ist es mir ein lieb gewonnenes Ritual, an besonders schönen Orten auf das Wohl unseres Schöpfers anzustoßen, vom wunderbaren, klaren Geschmack des Enzians mal ganz abgesehen.«

Pater Paulus zaubert aus den Tiefen seiner Kutte ein lederummanteltes Fläschchen. Er öffnet den Verschluss, der sich, in Gegenrichtung gedreht, in zwei kleine Schnapsbecher verwandelt, und schenkt ein.

»Auf das Wohl dessen, der sich das hier ausgedacht hat, und natürlich auf das Ihre, verehrter Raimond.« Er schenkt nach. »Ich weiß nicht, wie viele Male ich schon hier gesessen habe, wie oft ich diesen Ort schon eingeatmet habe. Es ist gut, so einen Ort zu haben. Irgendwann kennt man jedes Detail, der Blick wird weiter, man kommt an und hat sofort ein Gefühl von zu Hause, alles ist an seinem Platz. Du setzt dich und sogleich schlägt dein Herz ruhiger, dein Atem wird tiefer, dein ganzer Körper leichter. Man empfindet sich vollständig, ganz nah bei sich selbst. Durch die eigenen Augen wird dieser Ort ein einzigartiger, der nur für dich da ist, an dem du ganz frei von allem bist. Niemand kann hier hinein, außer du lässt ihn. Alles andere verschwindet, solange man es für nötig hält.«

Bedächtig, ganz in seine Erinnerungen versunken, erzählt der Pater weiter: »Ich werde meinen Ort heute mit Ihnen als zweitem Menschen überhaupt teilen, mein Freund, weil ich Sie wirklich ins Herz geschlossen habe; übrigens nicht erst, seitdem ich Sie kennenlernen durfte, sondern schon seit Marks Erzählungen über Sie. Für mich ist es schön und verblüffend zugleich, zu erkennen, wie ähnlich liebevoll und begeistert ihr beide voneinander sprecht. Als wäre in jedem von euch auch ein Teil des anderen. Mit Ihnen sitzt also auch ein bisschen Mark bei uns, der mir diesen Ort noch als Heranwachsender gezeigt hat, oder genauer: sanft dazu gezwungen wurde.

Er kam damals zu mir in die Beichte und bekannte, er habe gemeinsam mit einem nicht näher benannten Freund gegen das Diebstahlsgebot verstoßen. Sie hätten auf der gerade zu Renovierungsarbeiten beim Kloster befindlichen Baustelle Holzabfälle in Form nicht brauchbarer Bretter und verbogene Nägel entwendet sowie ohne Zustimmung des Eigentümers auf unbestimmte Zeit einen Hammer entliehen. Ihre Errungenschaften hätten sie heimlich tief in den Wald getragen, obwohl es ja verboten sei, sich dort aufzuhalten, und seien in fast jeder frei verfügbaren Stunde dorthin zurückgekehrt. Mit Zuhilfenahme starker geeigneter Äste hätten sie sich eine winzige Hütte in den Hang gebaut, von der man einen aufregend schönen Blick ins Tal genießen könne.

Marks Reue in der Stimme wich zunehmend seiner Begeisterung bei der Beschreibung des Bauprojekts. Und zwar in einem solchen Maße, dass meine Neugier geweckt war. Neben ein paar ›Ave Maria‹ musste er mir für das ›ego te absolvo‹ das Versprechen abgeben, mir den geheimen Platz zu zeigen, damit ich wenigstens wüsste, wo wir ihn finden könnten, im Notfall.

Ich befürchte, er hat mich sofort durchschaut, ließ mich trotzdem an diesem Ort teilhaben, er führte mich hierher. Wir verweilten in den folgenden Jahren manche gemeinsame Stunde, viele tiefe Gespräche lang, hier exakt an dieser Stelle. Die ursprüngliche Hütte hat sich die Natur zurückgeholt. Geblieben ist der Baumstamm.

Ich möchte nur noch einmal in einer anderen Besetzung hier sitzen. Zusammen mit ihnen zwar, jedoch zu dritt, gemeinsam mit Cécile.

Entschuldigen Sie nebenbei bitte, Raimond, dass ich so ausschweifend erzähle, der Enzian scheint bei mir besser und schneller zu wirken als bei Ihnen. Aber mit der Nennung Céciles könnten wir ja vielleicht zum eigentlichen Thema kommen: Sprechen Sie endlich über all das, was Sie beschäftigt und bedrückt und so sehr quält, das Sie daran hindert, zu tun, was Sie tief im Herzen wollen, es aber nicht zulassen.«

»Pater, es fällt mir wirklich schwer zu reden«, beginnt Raimond zögerlich, »ich weiß nicht, wo ich anfangen soll – die Fakten kennen Sie ja schon – es ist so kompliziert und schon in Gedanken kaum zu ordnen. Ich bin so voller Liebe für diese Frau, die Trennung von Cécile ist unerträglich, andererseits fühle ich mich verletzt von ihr und irgendwie verraten.

Dabei weiß ich genau, kein Recht darauf zu haben. Ich habe kein Recht zornig zu sein, dass sie schon vor unserer Beziehung fremdgegangen ist, zu denken, dass Sie sich noch einen Tag hätte Zeit lassen können und sich damit die Vaterfrage gar nicht stellen würde. Natürlich habe ich kein Recht, Schmerz zu empfinden bei dem Gedanken, dass Cécile so kurz vor uns mit einem anderen Mann intim war, das Gleiche tat wie mit mir, obwohl es natürlich nie das Gleiche ist, und überdies auch kein Recht, darauf böse zu sein, dass sie mich im Durcheinander ihrer Gedanken drei volle Tage im Unklaren ließ, was eigentlich los ist. Das alles weiß ich und doch kann ich es nicht empfinden, jedenfalls nicht vollständig.«

Aus Raimond sprudeln zunehmend schneller seine Gefühle hervor: »Ein Traum verfolgt mich seit Langem, Pater, auch bei Tage, dass ich, gebunden an zwei Seile, gefangen bin zwischen zwei riesigen Kreaturen – beide aus meiner Seele geboren –, die an den Seilen an mir zerren, die eine Kreatur die Liebe verkörpernd, die andere alle entgegenstrebenden Gefühle, besonders den Stolz, die Eifersucht und die Angst. Beide führen einen Wettstreit der Argumente. Sobald eine Seite ein gutes Argument findet, strafft sich deren Seil und zieht mich zu ihr, gleichzeitig findet die andere noch überzeugendere Gedanken und der Zug ihres Seils übertrifft den der Gegenseite. So geht es ständig hin und her. Dazwischen befinde ich mich, buchstäblich hin- und hergerissen und ständig aus dem Gleichgewicht und meiner Mitte gebracht, ein Spielball der rivalisierenden Kräfte.

Dieser Traum gibt besser als jedes andere Wort wieder, wie ich mich fühle. Kaum zieht mich die Angst, alles könne vorbei sein, sinnlos und nicht mehr zu heilen, tief in die Gemäuer des Klosters zurück, lockt mich die Liebe nach Hause zu Cécile, indem sie der Angst die Stirn bietet mit dem Argument, sie, die Angst, könne den Kampf nicht gewinnen, wenn ich ihr, der Liebe, nur den Weg bereite.

Woraufhin die Angst bemerkt: Gut gesprochen, doch sei ehrlich: Du liegst falsch, denn was wäre die Liebe für ein Weggefährte, wenn ich, die Angst, mit euch beiden käme, hinterher als ständiger Begleiter, Schritt für Schritt.

Wenn er mich zulässt, entgegnet die Liebe, werde ich immer größer und du, bedenke Angst, schrumpfst, weil kein Platz mehr für dich ist, zu beklagenswertem Maß.

Dass ich zu klein werde, fällt nun die Angst ins Wort, das verhindere allein ich selbst, wenn nötig in anderer Gestalt, denn vielgestaltig begegne ich im Widerstreit.

So vielgestaltig du auch sein magst, widerspricht die Liebe, so gleich bleibt deine Kraft, die ähnlich stark der meinen. Und trittst du auf in vielerlei Gestalten, so scheint ihr vereint die mehreren zu sein, doch jede einzelne wirkt auch ums gleiche Maß verkleinert. Nur er hier zwischen uns wird mit seiner Kraft und seinem Willen den Widerstreit entscheiden.

Schau ihn dir doch an, den Jammerlappen, hin- und hergebeutelt ohne Gegenwehr, spottet die Angst. Der Kraft, die er entwickelt, um zu dir zu kommen, bedarf es zu begegnen nur eines allzu leichten Ziehens meinerseits. Keine Angst, Liebe, er kommt dir nicht zu nahe.

Die Kraft in ihm, die ihn zu mir, der Liebe, ziehen kann, ist größer als du vermutest, Angst.

Ach Liebe, allein es fehlt der Wille, diese auch zu bündeln, also verpufft sie in steter Diffusion.

So geht es ständig hin und her, Pater, und bisher bekam noch immer die Angst das letzte Wort.«

Es folgt eine Zeit der Stille.

»Lass mich dir, Raimond, mit zwei Bibelstellen antworten«, spricht nun Pater Paulus. »Zunächst folgende, jeder kennt sie: Im ersten Buch Mose erschlägt Kain seinen Bruder Abel.

Diese Geschichte folgt nicht zufällig auf die Schöpfungsgeschichte, gleich am Anfang der Bibel. Es ist die uralte Frage seit jeher, die sich dem Menschen stellt, warum neben all dem Guten und Schönen auf dieser Welt auch so viel Schlechtes und Böses seinen Platz hat. In der Bibel steht die Antwort schon vorneweg: Die ersten Menschen konnten, trotz eindringlichster Warnung, ihre Neugier nicht zügeln und erlangten durch den Verzehr verbotener Früchte neben der Erkenntnis des Guten auch die des Bösen. Und mit der Erkenntnis des Bösen war auch dessen Existenz verbunden. Gedacht war der Mensch perfekt, als Ebenbild Gottes in einer perfekten Welt. Durch seine eigene Entscheidung wurde das Böse zum Leben erweckt.

Und die Konsequenz folgte auf dem Fuße. Die beiden großen Kräfte im Menschen, die du mir gerade beschrieben hast, die Liebe und die Angst traten zum Wettstreit an. Bei Kain die Liebe zum Bruder gegen die, wie von dir so schön beschrieben, in vielerlei Gestalt auftretende Angst. An dieser Stelle bei Kain, gleich deinen Träumen, gewann die Angst die Oberhand, hier in Gestalt der Angst davor, nicht aufgenommen und weniger geliebt zu sein, weniger Anerkennung zu genießen, im Angesicht des Mehr des anderen selbst weniger zu gelten. Und aus dieser Furcht heraus entwickelten sich wie Krakenarme nagende Gefühle: des Stolzes, der Eifersucht, des Neids und aus diesem dann die Gier, die Wut, der Hass. Die Bruderliebe, eine der größten wohl, stand hinten an. Der erste Mord geschah.

Du ahnst, Raimond, warum ich diese Stelle wählte. Seit Menschengedenken ist die Angst eine starke, kaum zu bändigende Kraft in uns, die oft obsiegt. Doch letzten Endes ist jeder von uns frei zu entscheiden, wie viel Platz und Einfluss er ihr zugesteht, sein Handeln zu bestimmen. Biblisch verstanden ist die Liebe die ursprüngliche, von Gott gewollte Kraft in uns. Nur, wir Menschen entscheiden uns allzu häufig gegen sie, lassen ihren Widerpart, die Angst, obsiegen.

Im Übrigen empfinde ich bei jedem Säugling, den ich taufe: Was ich in meinen Händen halte, ist noch die reine Unschuld, Liebe und Vertrauen, das Misstrauen und den Hass bringen wir ihm erst bei.

Was ich dir, lieber Freund, damit sagen will, ist: Das Gute und Schöne sind das Ursprüngliche in uns. Öffne deine Pforten und lass sie deine Räume füllen. Anders ausgedrückt: Tu endlich das, natürlich ohne es genauer bezeichnen zu wollen, was als richtiges Tun du längst als Wissen in dir trägst.«

Fürsorglich und liebevoll legt sich der Arm des Mönchs auf Raimonds Schultern. Dieser nickt, seit Langem erstmals mit dem Anflug eines Lächelns.

Lange noch sitzen die beiden stumm nebeneinander, den Blick ins Tal gerichtet. Das langsame Verschwimmen der Konturen erinnert sie schließlich des Heimwegs. Sie wandern los in Richtung Kloster. Das Hüpfen der linken, deutlich größeren der beiden, talwärts strebenden Gestalten vermittelt einen auffallend fröhlicheren Eindruck als beim Hinweg. Fast angekommen bleibt Raimond plötzlich stehen:

»Pater, Sie haben vergessen, die zweite Bibelstelle zu erwähnen.«

»Ich habe sie nicht vergessen, ich habe sie mir nur aufgehoben für das Ende unseres Spaziergangs. Und da wir jetzt beim Kloster sind, werde ich mich verabschieden. Geben Sie mir Ihre Hände, Raimond! Ich möchte mich herzlich bedanken für die schöne Zeit zusammen, die Gespräche und die Nähe. Ich wünsche Ihnen eine gute und von besseren Träumen begleitete Nacht.«

»Ich glaube«, erwiderte Raimond, »meine Augen geben am besten zum Ausdruck, wie wichtig, hilfreich und lieb Sie mir sind. Vielen Dank und auch Ihnen eine erholsame Nacht.«

Der Mönch spricht im Gehen die letzten Worte, er zitiert aus dem 13. Kapitel des ersten Korintherbriefs: »Die Liebe hört niemals auf, sie erträgt alles, glaubt alles, hofft alles, hält allem stand!«

Raimond lächelt dem Pater nachdenklich, doch voller Zuneigung hinterher.

Kapitel 15

WACHSTUM

»**ICH KANN ES** nicht mehr hören und schon gar nicht mehr sehen«, schimpft Antonio, Zeitung lesend über die Theke des Amsoa zu Mark hinüber, der seine Mittagspause vom Institut gerade mit einem Kaffee beschließt.

»Wachstum, Wachstum, alle schreien nach Wachstum. Als würden die Menschen nichts Wichtigeres mehr kennen, tanzen sie drumherum wie einst um das goldene Kalb. Wirtschaftswachstum ist das Zauberwort unserer Zeit. Kaum ausgesprochen verstummen alle anderen Argumente.

Wenn nur die Wirtschaft wächst, dann wächst die Zahl der Arbeitenden, und damit die Kaufkraft und der Konsum, und damit die Wirtschaft, und damit wachsen die Häuser und die Autos, und dabei natürlich die Wirtschaft, und in der Folge wachsen das Glück und die Zufriedenheit und selbstverständlich die Gesundheit und bei guter Vermarktung wiederum die Wirtschaft, und es wachsen die Entfernungen unserer Reisen und damit das Verständnis für andere Kulturen, die ganze Welt wächst zusammen und schon wächst der Welthandel und die Wirtschaft natürlich, und damit wächst der Kreis zusammen und der Reigen des Wachsens beginnt von Neuem, und schließlich wachsen unsere Träume in den Himmel, kommen der Sonne zu nahe, ihnen wird immer heißer und dann platzen sie und verpuffen.

Denn eins wird bei dieser Wachstumshysterie galant vergessen: Bei all dem Wachsen, wachsen auch die Sorgen, es wächst auch die Armut, der Hunger, und in gleichem Ausmaß wie die Wüsten wachsen, wachsen auch die Löcher im Eis der Pole, mit dem Wachsen der Weltbevölkerung wächst auch der Mangel an Ressourcen. Und dem ganzen Treiben geht zunehmend die Energie zur Neige, um den gepriesenen Wachstumsmotor am Laufen zu halten. Wann kommt endlich der Rufer in der Wüste, um zu sagen: »Leute, wacht auf. Beschränkung ist das Gebot der Stunde. Erst solidarische Reduktion und Gesundschrumpfen lassen irgendwann wieder Platz zum Gestalten und zum Wachsen.«

Als Antonio kurz Luft holt, entgegnet Mark: »Wer Ohren hat zu hören, der höre, leider hast du nur zu recht, aber um mich mit dir richtig in Rage zu reden, fehlt mir leider die Zeit, ich muss zur Arbeit, das Institut muss schließlich wachsen. Buona serata, Antonio, wir reden ein anderes Mal weiter.«

Bevor Mark das Lokal verlässt, ruft Antonio »Halt! Das Wichtigste hätte ich fast vergessen. Eine Postkarte, adressiert ans Amsoa, ist vorhin gebracht worden, zu deinen Händen. Sollte ich mir Sorgen machen um meine Tochter, Schwiegerfreund, wenn Raimond vermutet, dass seine Postkarte dich am ehesten in diesem Lokal erreicht? Jetzt nimm und lies: Es muss was Ernstes und Dringendes sein, wenn Raimond extra eine Postkarte schickt!«

»Du bist so prächtig gelaunt dieser Tage, Antonio, was ist geschehen? Deine beiden letzten Bemerkungen waren ausnehmend witzig. Toller Humor!« Mark lacht, schnappt sich die Karte und verschwindet, bevor Antonio aufbrausen kann. Im Freien liest er die Karte:

Lieber Mark,
Du weißt, worum es geht!
Ich brauche dich! Raimond

Kapitel 16

KLOSTERGESPRÄCH

»ERST VOR ZWEI Tagen hab ich mir einen bedenklichen Wutausbruch von Antonio angehört zum Thema Wachstum, und jetzt werde ich wohl mit dir, Raimond, hier über die gleiche Sache reden, nur in einem – davon abgesehen, dass unser Wirt auch die Weltbevölkerung miteinbezogen hat – gänzlich anderen Sinn.« Mark lenkt mit seinen Worten das Gespräch auf das Thema, wegen dessen er sich spontan Kurzurlaub genommen hat und ins Kloster zu Raimond gereist ist. Nach dem Austausch herzlicher Begrüßungsworte und der wichtigsten Neuigkeiten sitzen die beiden nun im Kellerstüberl des Mönchsgebäudes, vor ihnen auf dem Tisch gefüllte Becher und ein großer Steinkrug, dessen Inhalt ihnen der Cellerar aus einem Eichenfass frisch gezapft hat. Voll Genuss sprechen die beiden dem kühlen Bier zu.

»Ja, kommen wir zum Thema«, führt Raimond ihr Gespräch fort. »Ich bin so froh, dass du so schnell kommen konntest. Ich brauche deinen Rat so sehr wie deine Fantasie.«

»Du glaubst nicht, wie sehr ich, und nicht nur ich, darauf gewartet habe, von dir zu hören, und sei es per Postkarte. Der Hang zum Scherzen hat dich jedenfalls nicht ganz verlassen. Die Tatsache, dass du nach Rat fragst, lässt allerdings vermuten, dass deine Entscheidung schon recht reif ist. Wozu noch Fantasie einfordern? Komm heim und stell dich der, zugegeben nicht ganz einfachen, Situation.«

»Nicht ganz einfach«, erwidert Raimond, »ist nicht nur die Situation, sondern auch das Kommen und Stellen. Ich möchte Cécile nicht als Bittsteller begegnen. Ich habe eine ganze Reihe Fehler gemacht. Ich hätte anders handeln können, empathischer vielleicht, sensibler gewiss. Mein abrupter Rückzug ohne Erklärung war zu spontan und unüberlegt. Ich hab sie ziemlich alleingelassen. Aber auch Cécile hat sich nicht gerade durch überlegte Handlungen hervorgetan, auch sie hat Fehler begangen, hätte wissen können, wie sehr sie mich trifft.«

Längeres Schweigen entsteht zwischen den beiden Freunden. Schließlich ergreift Mark wieder das Wort: »Ich glaube, Raimond, so wie die Dinge stehen, müsst ihr beide Schritt für Schritt aufeinander zugehen. Und ich habe eine ganz gute Idee, die allerdings noch der Ausarbeitung bedarf. Kehre so bald wie möglich nach Amsterdam zurück und lass dich überraschen! Vertrau mir!«

Kapitel 17

STOPERA

RAIMOND SITZT AUF einem der reich verzierten Balkons im Prachtbau der Amsterdamer Oper, der sogenannten Stopera, einer Namensverbindung aus Stadhuis und Opera, an der Waterlooplein. Erst vor drei Tagen ist er in Amsterdam angekommen. Die üblichen Plätze seiner Freunde wagte er nicht aufzusuchen aus Angst, Cécile zufällig und unvorbereitet dort anzutreffen.

Gänzlich im Obskuren verliefen die seltenen Telefonate mit Mark. Die Gespräche begannen mit einem: »Entschuldige, habe keine Zeit, habe viel zu tun« und endeten nach wenigen Sätzen mit der seltsam verschwörerisch gesprochenen Formel: »Vertrau mir!«

Er verbrachte die Tage mit Grübeln, Lesen und Spazierengehen, meist im Jordaan, besuchte das Van-Gogh-Museum, wanderte durchs Rotlichtviertel, in der Hoffnung, in der Oude Kerk ein wenig Ruhe zu finden. Dort dachte er ausnahmsweise nicht über Cécile, sondern über die Schicksale der Menschen nach, die das Leben getrieben hatte, ihre Körper in den gläsernen Käfigen anzubieten, an denen er gerade vorbeigelaufen war. So und so ähnlich vertrieb er sich die Tage.

Er dachte nach, wanderte, grübelte.

Viel Zeit verbrachte er in seiner Loftwohnung, die er selbst gestaltet, aber wegen Cécile zuletzt recht vernachlässigt hatte. Nun war er froh, hier um eine Bleibe zu wissen.

Das Prunkstück seines Lofts ist eine uralte Harley Davidson, die als Sitzmöbel im Zentrum der ehemaligen Autowerkshalle prangt. Am Lenker baumelt meist Raimonds unvermeidliche Ledertasche.

Ein beträchtlicher Teil der übrigen Innenausstattung hängt

an unterschiedlichen Seil- und Kettenkonstruktionen von der Hallendecke: zahlreiche Gemälde aus der hausinternen Galerie seines Vaters, irgendwo dazwischen auch ein riesiger Flachbildschirm, um ihn herum bequeme Hängestühle.

Um den großen, gusseisernen Gasherd, der auch mit Holz befeuert werden kann, baumeln in wilder Anordnung Pfannen, Töpfe, Körbe und Schüsseln. Die restaurierte Werkbank stellt den Esstisch, um den sich zu Stühlen umfunktionierte Autositze gruppieren.

Auch die Hebe- beziehungsweise Senkbühnen sind noch im Einsatz. Eine dient mit Matratzen belegt als eine Art Hochbett für Raimond, der seine Schlafstatt, wie die anderen Bühnen auch, per Knopfdruck als Lift in das darunterliegende Kellergewölbe nutzen kann. Sein Bett transportiert ihn direkt in den unter ihm befindlichen Nassbereich. Eine andere Bühne führt in den Vorrats- und Weinkeller, eine dritte in den großzügigen Arbeitsbereich, der nur durch Stellwände abgetrennt ist. Hier herrscht ein für Besucher undurchdringbares Chaos. Nur Raimond hat den Überblick, zumindest behauptet er selbst das. Unzählige Skizzen, zum Teil übereinander geheftet, verdecken die Wände, oder liegen scheinbar wahllos am Boden, dazwischen Stapel von Fachzeitschriften und Büchern. Auf Stelltischen befinden sich verschiedene Innenraummodelle, die schon verwirklicht wurden oder noch zur Umsetzung anstehen.

Auf seinem Motorrad sitzend las Raimond vor wenigen Stunden ein Schreiben, das er im Briefkasten vorgefunden hatte, merkwürdigerweise unfrankiert und daher wohl per Hand eingeworfen. Inhalt war eine Gratiskarte für den heutigen Abend in der Stopera zur Aufführung von »Orpheus und Eurydike« mit der Musik Christoph Willibald Glucks. Als Absender angegeben war die Amsterdamer Architektenkammer, die unter den zugehörigen Kollegen, nach eigener Bekundung, Freikarten zu Amsterdamer Kulturereignissen verloste. Zurückgebliebene Karten würden am Tag der Aufführung neu verlost und per Boten an die glücklichen Gewinner verbracht.

Da Raimond die Karte echt anmutete und er keine Pläne für

seine Abendgestaltung hatte, ergriff er die Gelegenheit und nun saß er hier, in den Händen das Libretto von Calzabigi, das ihm überraschenderweise am Einlass unentgeltlich überreicht worden war. Spätestens jetzt hätte er erahnen können, dass fremde Finger im Spiel waren. Ahnungslos jedoch lauscht er den Klängen des sich einstimmenden Orchesters und blättert in seinem Büchlein.

Für ihn uneinsehbar – in einer der unteren Balkonreihen sitzt Cécile, ebenfalls ahnungslos. Mark hatte ihr im Institut die Karte in die Hand gedrückt – er selbst hätte anderweitig dringende Termine – und darauf bestanden, sie ihr zu schenken. Schließlich hatte sie erfreut angenommen. Nun saß sie hier, in den Händen das Libretto, das ihr von einem Ordner dankenswerterweise überlassen worden war. Nahezu gleichzeitig zu Raimond über ihr findet sie ein eingelegtes Schreiben, das mit dem seinen, mit Ausnahme der Namensnennung, identisch ist.

Hallo …,

irgendjemand musste euren Ferien im Irrgarten mal ein Ende setzen. Fakt ist: Ihr liebt euch, das weiß ich und das wisst ihr! Fakt ist auch: Auf dem Weg eurer Liebe wurden ein paar ernstzunehmende Fallseile ausgelegt! Frage ist: Hat sie die Kraft, aufrecht zu stehen, oder fällt sie. Die Entscheidung liegt bei jedem von euch beiden. Ihr haltet an eurem jeweiligen Ort das fast identische Schreiben in der Hand.

Das Thema »Orpheus und Eurydike« ist übrigens aufgrund seiner Symbolkraft für euch bewusst gewählt. Denkt darüber nach!

Ihr könnt euch heute um Mitternacht, Punkt 12^{00} Uhr begegnen. Sucht bitte vorher nicht nacheinander. Bis 12^{00} Uhr müsst ihr noch ein paar Entscheidungen treffen, jeder für sich.

Meine Bitte lautet: Nimm diese Entscheidung sehr ernst, sei ehrlich mit dir und treffe deine Wahl erst, wenn du dir wirklich sicher bist, dass es die richtige ist.

Jetzt die ersten Details: Lausche der Musik bis zum Ende

deiner Entscheidung gibt sie Begleitung. Lass das Thema der Oper Raum nehmen in dir, betrachte das Leben von Orpheus und Eurydike, versetze dich in die Lage des Sängers in der Unterwelt. Wie würdest du entscheiden? Zurücksehen und Sicherheit, oder nach vorne sehen und Wagnis? Willst du in der Rückschau die vermeintliche Sicherheit haben, dass der andere hinter dir steht, und dabei riskieren, dass es das Ende bedeutet, oder ohne Absicherung dem gemeinsamen Weg vertrauen? Wenn du dir ganz sicher bist und es die zweite Alternative sein sollte, dann, und nur dann, begib dich an den nun genannten Ort: Leidseplein 57.

Durchaus besorgt, aber auch belustigt schmunzelnd beobachtet Mark von den seitlich befindlichen Rängen mit seinem Opernglas das blanke Erstaunen in den Blicken und Gesten der beiden. Zudem ist er jederzeit bereit, seinen dringenden Terminen nachzukommen, die darin bestehen, im Zweifelsfall zu verhindern, dass die beiden hier wie im Folgenden zusammentreffen.

Kapitel 18

••••••••••

VORSPEISEN

DAS EHEMALIGE GELB der Wände der nicht allzu großen Bar ist aufgrund unzähliger gerauchter Zigaretten und der Fettdämpfe der kleinen Küche längst in ein schwer definierbares, verschmiertes Gemisch aus graubraun bis dunkelorange übergegangen. Eine Innenrenovierung wäre schon seit Jahren überfällig. Auch die Beleuchtung, die größtenteils von Kerzen auf riesigen Kandelabern gebildet wird, welche ihrerseits von skurrilsten Tropfenskulpturen umschlossen sind, tragen zum leicht überlebten Eindruck der Kneipe bei. Früher hatte sie durchaus als Szene-Lokal gegolten. Heute zählen hauptsächlich Studenten, meist spanische, der nahen Fremdsprachenakademie zu den regelmäßigen Kunden. Sie schätzen die fairen Preise und die nach wie vor hervorragenden Tapas, die Jorge, der schon ins Alter gekommene Wirt, auf den Tisch zaubert.

Auf der Straße vor der Bar steht ein nachdenklicher Raimond, sein Blick ist auf das angestaubte Eingangsschild gerichtet: »Tapas-Bar / Katalanische Vorspeisen«. Immerhin war ich das Hauptgericht, denkt Raimond voller Sarkasmus.

Noch einige Zeit steht Raimond grübelnd und unentschlossen vor dem Lokal. Da er drinnen eine weitere Nachricht erwartet, tritt er schließlich zögernd ein. Überraschte Blicke begleiten seine ersten Schritte, nachdem er durch zwei schwer von der Decke hängende Vorhänge die Bar betreten hat. Er setzt sich auf einen der leicht wackligen, dreibeinigen Barhocker und bestellt ein großes Glas Rioja.

Der Wirt serviert ihm wenig später ein kleines, kontert Raimonds Versuch eines Einspruchs mit den Worten »Vermutlich bleibst du nicht lange«, und stellt das Glas abrupt auf den von fehlenden Bruchstücken durchwirkten, rostbraunen Kacheln der Servierfläche ab, sodass der wenige Wein fast überschwappt.

Raimonds erneuter Ansatz, etwas zu sagen, verstummt, als Jorge ihm mürrisch ein gefaltetes Blatt unter sein Glas schiebt. Raimond nippt kurz am Wein, entfaltet das Papier und liest. »Hallo, schön, dass du hierher gekommen bist. Die erste Entscheidung war nicht leicht. Ich hoffe, du hast nicht das Ende der Oper abgewartet. Wenn ja, bleibt dir für das Folgende nun weniger Zeit. (Mit »Ende« im ersten Satz des vorherigen Schreibens war das Ende deiner Entscheidung gemeint, nicht das der Musik. Das Delphi-Orakel wäre stolz auf mich: Du musst das fehlende Komma nach »Musik« setzen, nicht nach »Ende«). Jetzt zur Sache: Solltest du mit den Besuchern des Lokals ins Reine gekommen sein, und das wirklich, dann begib dich ohne Zögern zur Prinsenstraat 51.

Am Eingang des geschlossenen Geschäfts im Erdgeschoss findest du eine Klingel. Benutze sie. Es findet heute eine Sonderveranstaltung für geladene Gäste statt. Hier wird dir weitergeholfen.

Raimond blickt auf die spanischen Studenten, die in feuchtfröhlicher Runde sitzen und die, dem Wein geschuldet, anzügliche Zoten reißen. Er verharrt einige Zeit gedankenversunken, um plötzlich aufzustehen und auf einen Schluck sein Glas zu leeren. Jorge verweigert die Bezahlung und weist ihm mit einer Geste seiner Hand und einem lapidaren »Na also« die Tür.

Wenige Minuten später – Mark hätte um ein Haar eingreifen müssen – betritt Cécile die Bar, sie hat tatsächlich das Ende der Oper abgewartet. Sie wird nach wenigen Augenblicken von den schon leicht angetrunkenen Studenten umringt. Nicht erst jetzt kommt ihr die Bedeutungslosigkeit und Banalität solcher Situationen in den Sinn. Sie trinkt nur ein Wasser, liest das ihr überreichte Schreiben, schlägt alle von ihr als aufdringlich empfundenen Einladungen aus und lässt sich, da die Zeit knapp wird, von einem Taxi zur Prinsenstraat bringen.

Durch diesen Umstand trifft sie vor Raimond ein. Der Kundenbetreuer des Geschäfts für Babymoden und Kleinkinderartikel überreicht ihr einen Fruchtcocktail und führt sie auf direktem Weg in die Buchabteilung, zeigt ihr verschiedene Ratgeber zur Geburtsvorbereitung, um sie schließlich auf ein besonders empfehlenswertes Buch über das Leben alleinerziehender Eltern hinzuweisen. Wie zu erwarten, findet sie beim Blättern ein weiteres Schreiben:

»Hallo, du Liebe, überlege dir gut, ob du dieses Buch brauchst und lesen willst. Um allerdings gemeinsam Kinder zu kriegen und diese großzuziehen, bedarf es eines großen Maßes der Unbedingtheit, der Toleranz und Empathie, der Geduld und der Liebe, guter Nerven und des Gefühls der unbedingten Zusammengehörigkeit. Sollte nun deine Entscheidung sein, das Buch nicht zu brauchen, dann begib dich umgehend zur Praxis deiner Frauenärztin. Sie sitzt beim Italiener im Nebengebäude ihrer Praxis und erwartet dich schon ungeduldig. Sprich noch mit dem Kundenbetreuer.«

Raimond hingegen wird von einem anderen, von Mark instruierten Betreuer direkt in die Abteilung für Kinderwägen geführt. Als ihm die Verkäufer besonders die Modelle der Doppelkinderwägen ans Herz legt und ihm eine entsprechende Broschüre offeriert, beginnt Raimond zu ahnen, was wenig später durch den beiliegenden Brief zur Gewissheit wird:

»Nun, mein Lieber, eine kleine Überraschung, die deine Entscheidung nicht einfacher macht. Cécile hat es selbst erst vorgestern erfahren. Sie, beziehungsweise ihr, je nachdem, bekommt Zwillinge. Ich weiß, Raimond, es ist ziemlich hartes Brot, das du heute Abend schlucken musst. Solltest du deine Reise trotzdem fortsetzen wollen, dann eile zur Praxis deines Hausarztes. Er erwartet noch einen späten Patienten, der der Genesung bedarf, sowie eines wichtigen Ratschlags. Sollte es mit Blick auf die Uhr eng werden, sprich mit deinem Kundenbetreuer.«

Kapitel 19

RASEREI

ZEITGLEICH RASEN EINE halbe Stunde vor Mitternacht, räumlich getrennt voneinander, zwei Motorräder durch die Amsterdamer Nacht, beide scheinbar Teilnehmer eines Wettbewerbs, wer in kurzer Zeit die meisten Verstöße gegen die Straßenverkehrsordnung erzielen kann.

Auf einem sitzt Cécile, auf dem anderen Raimond, vor ihnen als Piloten die jeweiligen Kundenbetreuer aus einem Amsterdamer Kindergeschäft.

Kapitel 20

DIAGNOSEN

»**DA SIND SIE** ja endlich, Cécile, ich hatte schon Angst, Sie kommen gar nicht!« Mit diesen Worten begrüßt die Frauenärztin Cécile, die gehetzt das kleine Café betreten hat. Vor der Tür wartet Céciles Kundenbetreuer mit laufendem Motor. Die Ärztin bestellt zwei Espressi und fährt zügig fort: »Ich behandle Sie nun seit der Zeit, als Sie zur Frau geworden sind, Cécile. Ich kenne aus den Jahren nicht nur Ihren Körper. Ich kenne aus vielen Gesprächen auch Sie als Menschen recht gut. Ich kenne all die von mir so geschätzten, schönen Eigenschaften an Ihnen, aber auch Ihre Eigenwilligkeit, manchmal zur Sturheit anwachsend, und insbesondere Ihren kaum zu zähmenden Stolz. Und damit komm ich zum Kern Ihres Hierseins:

Irgendwann, vielleicht schon bald, vielleicht erst später, vielleicht nie, aber durchaus möglich, kommt Ihr Freund auf den Gedanken, wissen zu wollen, ob er nun der leibliche Vater seiner Kinder ist.

Die Angst, ein negativer Befund könnte das Ende eurer Beziehung bedeuten, kann ich ihnen aus jahrelanger Praxiserfahrung weitgehend nehmen. Wenn die Beziehung stimmt, obsiegt fast immer die Liebe zur Partnerin, ebenso die reale Vaterliebe über den Wunsch, in Kindern seine Gene weiterzutragen.

Die Frage ist, ob Ihr Stolz es zulässt, hinzunehmen, dass er diesen Wusch überhaupt in sich trägt, dass die Unbedingtheit Ihrer Liebe, das Vertrauen in Sie kleine Schrammen erfährt, dass er auch Ihnen zuliebe auf den Test hätte verzichten können. Sie müssen entscheiden.

Zwei Ratschläge von mir noch: Sollte der Fall denn eintreten, begleiten Sie seine Entscheidung mit Ihrer Liebe. Und, um ehrlich zu sein, ein wenig verständlich wäre seine Neugier durchaus, angesichts der Umstände.

Eins noch: Denken Sie auf der Fahrt nach. Die Uhr zeigt zehn vor zwölf. Lassen Sie sich umarmen. Alles Gute, Cécile. Ach ja, die letzte Nachricht können Sie von diesem Diktiergerät abhören.«

Schon im Laufen drückt Cécile den Abspielknopf und hört Marks Stimme: »Einen wunderschönen Abend, so kurz vor Mitternacht. Hier meine letzte Anweisung: Erreiche um 12^{00} Uhr den Ort, den dir dein Gefühl eingibt und hoffe, dass der andere die gleiche Eingebung hat.«

Erneut nehmen zwei Motorräder den Kampf gegen die Zeit auf, an verschiedenen Orten der Stadt. Ob sie dasselbe Ziel haben, ist noch nicht feststellbar.

Raimond hatte zurückliegend ein ähnliches Gespräch mit seinem Arzt wie Cécile. Sein Rat am Ende war: »Horchen Sie nach innen, verzichten Sie, wenn es Ihnen möglich ist, auf einen Vaterschaftstest. Andernfalls riskieren Sie, ob berechtigt oder nicht, eine Verletzung Ihrer Freundin, die Sie zwar nicht wollen, aber erspüren können, wenn Sie sich in ihre Lage versetzen.«

Cécile und Raimond sind noch lange nicht am Ende ihres Denkens angelangt, beide wissen jedoch sicher, dass sie um nichts in der Welt das Zusammentreffen verpassen wollen.

Kapitel 21

WARTENDE

NICHT NUR DIE zwei Sehnsüchtigen auf ihren Motorrädern, chauffiert von ihren Kundenbetreuern – die in Wirklichkeit alte Studienfreunde von Mark sind, denen es der Spaß wert war, zu seiner Unterstützung aus Aachen anzureisen –, hoffen inständig, dasselbe Ziel anzusteuern.

Auch auf einem Amsterdam nahe gelegenen Campingplatz drücken, unter der Glaskuppel von Marks wunderlichem Wohnkonstrukt sitzend, der Professor und Mark selbst hoffnungsfroh die Daumen. Obwohl in ein Gespräch vertieft, halten sie ständig Ausschau auf irgendetwas, das die Ankunft von Raimond und Cécile ankündigt.

Nachdem Mark im Anschluss an den Besuch der Tapas-Bar von seinen Freunden in seiner begleitenden Funktion abgelöst worden war, fuhr er mit dem Motorrad, das er bei Jorge abgestellt hatte, unverzüglich nach Hause. Dort hatte der Professor schon einige Tage zuvor ein wenig Einsamkeit gesucht und zuletzt ungeduldig auf das Eintreffen Marks und erster Informationen gewartet.

Seit dessen Ankunft philosophieren sie, passend zur Situation, über das menschliche Schicksal und dessen Beeinflussbarkeit: »Was für eine schreckliche Vorstellung, wenn sich der Mensch jenseits aller realen und materiellen Beeinflussung in dieser Welt auch noch als der hilflose Spielball einer jenseitigen Kraft, nennen wir sie Schicksal, nennen wir sie Gott, erfahren müsste.«

»Zunächst wäre zu klären, Professor, ob wir es als Naivität oder Arroganz bezeichnen wollen, dass mancher Mensch meint, sich einen schicksalshaften Gott und sein Tun, tatsächlich vorstellen zu können.

Haben Sie es nebenbei gehört, die Kirchenglocke hat gerade halb zwölf angeschlagen, es wird langsam spannend!«

»Sie haben recht.« Bonetti schenkt Wein nach und schmunzelt:

»Ich muss passend dazu an eine Frage denken, die ich so oder so ähnlich gestellt schon einige Male gehört habe: Ist Gott, als allmächtig vorausgesetzt, in der Lage, einen Stein zu schaffen, der so schwer ist, dass er ihn selbst nicht heben kann?«

Mark lässt den Inhalt seines Glases langsam kreisen, lächelt jetzt auch und ergänzt: »Das erinnert irgendwie an den guten alten Anselm von Canterbury. In einer Zeit zahlreicher Versuche, die Existenz Gottes gar zu beweisen, meinte er: Von der Annahme ausgehend, Gott sei im Denken des Menschen das Größte, was man sich vorstellen könne, müsse Gott auch real existieren, weil sonst etwas noch Größeres denkbar wäre, das eben auch das Merkmal ›Sein‹ aufweise.«

»Herrlich, nicht wahr, Mark? Er schrieb auch noch q. e. d. darunter. Eine angeblich logische Schlussfolgerung, basierend auf einer nicht beweisbaren Annahme, die über diesen Status auch nicht hinauskommen wird, da der Gegenstand der Annahme, Gott, für den Menschen a priori nicht begreifbar ist.

Wollte man es, könnte man den großen Königsberger Aufklärer aufstöhnen hören. Kant nannten sie auch deswegen den ›Alleszerstörer‹, weil er dem Menschen jeden gedanklichen Zugang zur Transzendenz absprach und dazu aufforderte, sich geistig doch lieber mit dem zu beschäftigen, was man als Mensch zu durchdringen auch in der Lage sei.«

»Nicht ganz sarkasmusfrei, aber herrlich, wie Sie Herrn Kant umschreiben. Aber zurück zu Gott und dem Stein, Professor. Man könnte der Frage auch mit einer Gegenfrage begegnen: Nämlich, warum sich Gott auf so etwas Banales und Sinnloses überhaupt einlassen solle?«

In beiden Gesichtern steht zunehmend ein belustigtes Grinsen geschrieben. Wieder ist der Professor zu hören: »Gesetzt sei der Fall: Gott lässt sich auf das Szenario tatsächlich ein. Wie könnte man sich den Allesbeweger vorstellen, während er den riesigen Stein in Angriff nimmt, als muskelbepackten Hünen vielleicht?«

»Nett wäre auch das Bild eines aufstampfenden Sumoringers.«

»Nein, mein Lieber, ich denke, er wird als Superheld heranfliegen, in unendlicher Geschwindigkeit natürlich, um mit seinen Superkräften das unbewegliche Monstrum zu deportieren!«

»Und während er sich mit seinen kräftigen Armen an die kolossale Arbeit macht, könnte er nebenbei bemerken, dass er, Gott, diesen unendlich schweren Stein auch wegblasen könne, oder vielleicht wegdenken, oder auch mit einem Wort, wenn man es so wolle, ins All hinauskatapultieren könne.«

»Köstliche Vorstellung, Mark, Gott, der, in Gestalt eines Super-Sumoringers – was halten Sie von Hulk – mit den Menschen über die Transportfähigkeit eines Steins debattiert. Wissen Sie, was Gott jetzt vermutlich anmerken würde?«

Weil die Augen der beiden Gesprächspartner unablässig damit beschäftigt sind, nicht zu verpassen, wenn ein paar Meter unter ihnen etwas Erhofftes eintreten sollte, übersieht der Professor das amüsierte Kopfnicken Marks, und bevor dieser sein tiefes Einatmen in gesprochene Worte umsetzen kann, beantwortet jener schon selbst: »Gott könnte anmerken, er müsse – da er sich nun einmal darauf eingelassen habe – ja noch erklären, ob er diesen Stein hier so beschaffen schaffen könne, dass sogar er, Gott selbst, es nicht schaffe, ihn wegzuschaffen.«

»Ich schaffe es nicht«, ruft Mark.

»Genau, das könnte er sagen, und zwar …«

»Nein, Professor, das schaffen auch Sie nicht … zu erklären: Das schaffen nur unsere beiden grenzwertig sensiblen Freunde! Kneifen Sie mal die Augen zusammen, dort hinten im Dunkeln: Die beiden schleichenden Gestalten, das sind, wenn mich nicht alles täuscht, Cécile und Raimond.«

»Sie haben recht, und es macht den Anschein als würden beide, im Versuch den jeweils anderen zu hören, so leise schleichen, dass sie einander tatsächlich nicht bemerken.«

»Jetzt sehen Sie! Sie haben sich entdeckt. Dieser Blick, warum haben wir keinen Fotoapparat zur Hand?«

»Im Moment bräuchten wir wohl eher bewegte Bilder! Betrachten Sie nur dieses Getümmel aufeinanderprallender Materie und dieses Blitzgewitter frei werdender Emotionen!«

»Endlich ist zusammengeführt, was zueinanderfinden nicht konnte. Das scheinbar Unmögliche ist vollbracht. Jetzt gehen sie die Treppe hoch. Das Weitere könnte etwas länger dauern, das weiß ich aus Erfahrung, Professor, also können wir uns zurücklehnen. Wo waren wir?«

»Ich schaffe es nicht, sagten sie, und ich sage, das könnte auch Gott gesagt haben und er würde anmerken: Jedenfalls nicht im Rahmen der beschränkten, kategorialen Bedingungen, die der Fragesteller vorgebe. Dann würde er, schmunzelnd vielleicht, fragen, welchen Stein er denn herauspicken solle aus der unendlichen Reihe immer noch schwererer Steine, zum Antritt des Beweises seiner unbeschränkten Kräfte.«

»Jetzt, Professor, könnte er, trotz zunehmend hilflos blickender Kreaturen um sich, kundtun, dass er einen winzigen Kieselstein, weil in seinem Zustand weniger hinderlich, bevorzugen würde. Dieser wäre in unendlicher Dichte ebenfalls unendlich schwer.«

»Wunderbar, ein unendlich schwerer Kieselstein. Stellen Sie ihn sich vor in Ihrer flachen Hand liegend. Was würde jetzt passieren? Würde der Stein Ihre Hand blitzschnell zu Boden reißen? Würde er etwa jede sich in den Weg stellende Materie mühelos durchbohren – zuerst die Erde, ein winziges Loch hinterlassend – und dann in alle Ewigkeit durch die unendliche Weite des Alls schießen?«

»Lassen wir mal die Hand beiseite! Die brauchen wir gar nicht! Vermutlich würde sich der Kiesel, unbewegt und unendlich schwer, wie er ist, gar nicht zur Erde hinbewegen, sondern diese zu ihm, weil des kleinen Steins Anziehungskraft unermesslich größer ist als die ihre. Er würde still verharren, und alle zu nahe kommende Materie würde von ihm angezogen und, wie von einem schwarzen Loch, geschluckt.«

»Göttlich die Vorstellung: Unser kleiner Stein, ein schwarzes Loch! Ich stelle mir wieder den Allmächtigen vor in seiner ulkigen Gestalthaftigkeit der Eingangsfrage, Mark. Das könnte ihm auch gefallen, Gott ist bestimmt humorvoll, ein Steinchen mit solchen Fähigkeiten! Das wäre doch eine nette Parabel meiner selbst, könnte Gott denken: Ich, ein winzig kleines schwarzes Loch mit unbegrenzter Anziehungskraft, in meinem Falle vielleicht weniger materiell, eher ein schwarzes Loch des menschlichen Geistes: Alle Gedanken, Gefühle, Wünsche und Träume, alle Liebe, jedes Lächeln, aller Mut und jede Hoffnung, alles recht Gesprochene und Getane, alle innere Schönheit des Menschen als ungebremster Impuls in die Unendlichkeit geschickt, angezogen von und gebündelt in mir, und bei entsprechender Dichte in einer Art Urknall sich wieder über alles emanierend.«

»Genau, Professor, und alles Schlechte und Böse – da nur punktuell auf erreichbare Ziele ausgerichtet und damit endlich – wäre zu träge und impulsschwach, um in meine Nähe zu gelangen, könnte Gott denken. Jeder einzelne Impuls aber, der aus der im Menschen immanenten Erkenntnis des Guten ausgesendet wird, würde teilhaben an mir und eins sein mit mir in der Unendlichkeit des Geistes.«

»Gehen wir einmal davon aus, dass sich Gott jetzt wieder für ein paar Ewigkeiten ins Nichts auflösen würde und uns zurückließe mit dem nicht kleiner gewordenen Problem der Vorstellbarkeit des Unendlichen, und natürlich nicht weniger des Endlichen. Wer kann sich schon das Ende von Raum und Zeit plausibel erklären?«

»Auch diesbezüglich werden wir wohl noch eine Weile im Ungefähren herumtapsen, vielleicht ist es der Plan, dass der Mensch niemals Wissen erlangt. »Ich weiß, dass ich nichts weiß«, so unser griechischer Wegbegleiter in vielen gemeinsamen Gesprächen. Diese Aussage kann ich nur so verstehen, dass der Mensch nichts wirklich weiß, außer dem Einen, dass jeder Erkenntnis schon der Keim innewohnt, eine neue hervorzubringen und jedes so ernannte Wissen nur einen winzigen Ausschnitt eines ewig währenden Erkenntnisprozesses widerspiegelt.«

»Wohl gesprochen, Herr Professor«, applaudiert der Professor lächelnd und bereits leicht gähnend, »wenn Sie schon auf

Sokrates anspielen: Ihm wird von Platon nachgesagt, durchaus auch mal die Freuden eines ausgiebigen Gelages gekostet zu haben, an dessen Ende in den Morgenstunden aber aufgestanden zu sein, um, vorbei an seinen großteils unter den Tischen liegenden, nächtlichen Gesprächspartnern, seinem Tagewerk nachzugehen. So viel Ausdauer, vermutlich xanthippischen Ursprungs, fehlt mir leider! Ich bin hundemüde, Mark, und werde mich wohl zur Ruhe begeben. Ich wünsche Ihnen eine gute und fantasiereiche Nacht, mein Lieber.«

Mark umarmt den Professor und verabschiedet ihn, dieser dreht sich im Gehen noch einmal um: »Ach ja, Mark, das wiedervereinigte Paar dort droben im Baumhaus kann sich glücklich schätzen. Sie sind ein echter Freund!«

Kapitel 22

WIEDERVEREINIGUNG

GÄBE ES EINEN Beobachter, würde er sich sicher, und mit Recht, über das sich darbietende Schauspiel der beiden Personen wundern, die sich mit zögernden Schritten und nervösen Blicken einer uralten Buche nähern. Die Glocke einer nahe gelegenen Kirche läutet gerade mit zwölf Schlägen das Ende des Tages ein und durchbricht die dunkle Stille, die über dem Ort liegt. Nun verschwinden die sonderbaren Kreaturen im Schatten zweier nebeneinandergelegener Bäume, verharren dort einige Zeit, haben sich gegenseitig noch nicht wahrgenommen. Minuten verstreichen. Vom Kirchturm ertönt ein einzelner Glockenton. Endlich bewegen sie sich wieder und öffnen sich dem Blickfeld des Betrachters erneut, wie sie nach jedem vorsichtigen Schritt kurz innehalten. Sie drehen ihre Köpfe langsam in alle Richtungen, offenbar horchen und suchen sie in die Nacht hinein.

Zum ersten Mal treffen sich ihre Augen, wandern weiter, kehren ruckartig zurück und verengen sich. Gleichzeitig recken sich ihre Köpfe nach vorne, so weit, als würden sie versuchen, ihrem Ziel noch näher zu kommen, ohne den Rest ihres Körpers. Eine Weile taxieren sie sich bewegungslos. Dann stürmen sie aufeinander zu, prallen zusammen, umschlingen ihr Gegenüber mit den Armen, werden zu Boden geschleudert von der Gewalt des Gegenüber, lösen ihren Griff nicht, rollen sich mal hierhin, mal dorthin, Schreie sind zu vernehmen. Endlich befreien sie sich voneinander, stehen keuchend auf, nehmen den Griff wieder auf, ihre Köpfe dicht nebeneinander. Mehrmals würde sich die Szene dem Beobachter darbieten.

Selbst der unsensibelste Betrachter würde vermutlich spätestens jetzt zur Erkenntnis kommen, dass er nicht Zeuge eines

Kampfes war. Tatsächlich wäre er Zeuge des stürmisch-zärtlichen Zusammentreffens zweier in Sehnsucht fast Ertrunkener gewesen, zweier tief Liebender, die sich nur langsam dem Ort einer möglichen Enttäuschung über das Nichteintreffen des anderen näherten, die sich fast lautlos bewegten, in der Hoffnung, schon vorher ein Geräusch oder eine Bewegung der ersehnten Person wahrzunehmen, die kurz in Freude verharrten, als sie sich entdeckten, die aufeinander zu stürmten, sich in inniger Umarmung trafen, ineinander verschlungen tanzten und, des Gleichgewichts verlustig gegangen, über den Boden kugelten, die vor Erleichterung Freudenschreie in den Himmel schickten, sich Zärtlichkeiten zuflüsterten, ihre Gesichter ungläubig nachzeichneten, um schließlich in einem langen Kuss zu versinken.

Wäre unser Beobachter eher neugierig, könnte er noch zusehen, wie die beiden sich unter besagter Buche einer Wendeltreppe nähern, die, von Wärmemeldern alarmiert, plötzlich bunt illuminiert wird. Er könnte sogar noch zusehen, wie sie Hand in Hand die Treppenstufen nehmen.

Nicht weiter zusehen könnte er, nachdem sich die Tür des Baumhauses geschlossen hat. Könnte nicht sehen, wie zwei bereit gestellte Kerzen entzündet werden, wie zwei erstaunte Augenpaare die Sonnenblumenköpfe entdecken, die auf dem Bett ein Herz bilden, er könnte auch nicht sehen, wie die beiden lächelnd das gelbe Blatt Papier darunter betrachten, auf dem in Großbuchstaben steht: »Endlich« und weiter nur, nicht ganz unzweideutig »Rührt euch mal! Mark«.

Im weiteren, Tür hin oder her, sollte dem Beobachter allein seine gute Erziehung verbieten zuzusehen, wie Cécile und Raimond all das nachholen, was sie seit Wochen versäumt haben, und er sollte reichlich Zeit mitgebracht haben, um zu sehen, wie die beiden das Baumhaus wieder verlassen, um Mark in seinem Wohnkonstrukt aufzusuchen, ihn zu umarmen und ihm zu danken. Diesmal benötigen sie nicht wieder neun Tage, aber erneut ist es Mitternacht geworden.

Kapitel 23

MATERIALISMUS

»**EINEN GUTEN TAG,** Antonio«, grüßt Professor Bonetti den Wirt des Amsoa. Direkt aus der Küche kommend, stellt er seinen frisch gebrühten Cappuccino auf der Theke ab und beißt in ein noch warmes Cornetto. Es ist bereits fast Mittag. Nach ausgiebiger Morgenlektüre hat er endlich beschlossen, auch diesem Tag die Tür zu öffnen und die paar Stufen hinab ins Lokal zu gehen.

Antonio grummelt irgendetwas Unverständliches vor sich hin, in gebeugter Haltung ist seine gesamte Konzentration auf die Lektüre gerichtet, in die er sich vertieft hat.

»Offenbar gefällt Ihnen, was ich Ihnen zu Lesen gegeben habe, Antonio, ich muss nicht betonen, auf Ihren eigenen Wunsch hin. Womit beschäftigen Sie sich gerade?«

»Es gefällt mir nicht nur, was in diesem, wie nannten Sie es, Kompendium der Philosophie steht, sondern es ist hochinteressant, wenn auch recht kompliziert ausgedrückt. Ich dachte immer, Philosophie sei etwas völlig vom Rest der Welt Abgehobenes, Ungreifbares, von meinem banalen Leben Unberührtes. Jetzt stelle ich mit Überraschung fest: Wenn man die Geheimsprache dieser Herren zunehmend zu entschlüsseln lernt, treten einem Fragen entgegen, die durchaus auch Begleiter meines eigenen Lebens sind. Fragen nach dem Anfang und dem Ende, dem Einst und der Zukunft, dem Richtig und Falsch, Fragen nach dem Ich und den Anderen, nach dem Sinn der eigenen Existenz und des Lebens im Allgemeinen, dem Diesseits und dem Jenseits, nach dem Leben und dem Tod, und letztendlich die unvermeidbare Frage nach einer sinnstiftenden Macht über uns, die Frage nach Gott.

Im Moment ist Ludwig Feuerbach dran, der letztere Frage, wie Sie ja wissen, strikt ablehnend beantwortet. Er verneint, immer vorausgesetzt ich verstehe ihn richtig, die Annahme Gottes aufgrund seiner materiellen Unbeweisbarkeit.

Davon abgesehen, dass ich die Frage der Beweisbarkeit Gottes schon vom Ansatz her als fragwürdig empfinde, bleibt mir verschlossen, warum Gottes Unbeweisbarkeit auch seine Nichtexistenz beweisen soll. Beim Lesen seiner Projektionshypothese, die wohl besagt, dass der sich selbst als unvollkommen empfindende Mensch seine Sehnsucht nach Perfektion in eine selbst erdachte Gottfigur projiziert, fiel zufällig mein Blick auf das kleine Kreuz, das schon aus früheren Zeiten über dem Eingang des Amsoa hängt. Welch unsinniger Gedanke: Der gefolterte, leidende und gekreuzigte Gott als Wunschprojektion des Menschen? Schon überzeugender erscheint mir, dass er die Jenseitsgläubigkeit des Menschen als Kompensation seiner als mühsam und sinnlos empfundenen realen Existenz beschreibt.«

»Bravo, bravissimo, Antonio«, unterbricht der Professor, »Sie haben gerade spontan einige der Hauptkritikpunkte der Zeitgenossen Feuerbachs an seinen Thesen formuliert. Bei aller Kritik bleiben seine Gedanken allerdings, damals wie heute, sehr bedenkenswert. Sie kennen gewiss den Spruch: Wenn Pferde religiös wären, würden sie sich Gott als Pferd vorstellen. Zu ähnlichen Mechanismen neigt auch der Mensch. Und das mahnt Feuerbach, wie ich finde, sehr zu recht an. Die Neigung, sich Gott gedanklich so zurechtzurücken, wie man es gerne hätte, es gerade passt oder opportun ist beziehungsweise wie es geeignet ist, sich oder andere zu manipulieren, ist ein uraltes, immer wiederkehrendes Phänomen.

Das dem Menschen innewohnende Bedürfnis nach etwas greifbar Metaphysischem, Transzendentem, wurde nebenbei allein von der Amtskirche über Jahrhunderte dergestalt missbraucht und instrumentalisiert, dass durch die vom Klerus autorisierte Interpretation des Göttlichen und mittels geschickt geschürter Ängste der Gehorsam der Menschen und damit der eigene Machterhalt garantiert werden konnte.

Bei alledem ist die radikale Verneinung aller Transzendenz, wie mir scheint, trotzdem keine sinnvolle Lösung. Der

Mensch wird, wie seit jeher und wie Sie es ja schon angesprochen haben, auch in Zukunft Fragen wie diese stellen: Woher kommt alles und wo führt es hin, gibt es einen Anfang und ein Ende, ein Alpha und ein Omega? Gibt es einen übergeordneten Sinn hinter aller rein biologischen Existenz, hinter all den chemischen Prozessen und physikalischen Gesetzmäßigkeiten? Gibt es eine Überschrift, einen Logos über allen Worten, eine letzte Antwort auf alle unbeantworteten Fragen, ein Jenseits nach dem Hier und Jetzt, eine Fortsetzung nach Heute und Morgen? Existiert sie, die Idee hinter allen Dingen, aus der alles entspringt und in der sich alles wieder eint und zusammenfließt? Und er wird nach Antworten verlangen. Jedoch wird der Mensch endgültige Antworten wohl nie bekommen, also wird er weiter Fragen stellen. Und, glauben Sie mir Antonio, das ist wichtig und gut so. Bedenklich wäre es, wenn der Mensch solche oder ähnliche Fragen nicht mehr stellt.«

»In einem Punkt, der indoktrinierten Vertröstung ins Jenseits, kann ich Feuerbach recht geben«, unterbricht schmunzelnd Julietta, die gerade aus der Küche kommt. »Die Aussage, das Göttliche sei immateriell, daher sinnlich nicht erfassbar und folglich auch nicht existent, widerlegen hoffentlich die Bruschette, die ich euch zubereitet habe.«

Seit einigen Tagen arbeitet Julietta in der Küche des Amsoa. Nachdem Antonio begonnen hat, wieder richtig zu leben und nicht nur zu überleben, hat er beschlossen, das Lokal nach und nach an Julietta zu übergeben – natürlich verbunden mit seiner tatkräftigen Mithilfe – und mehr seinen lange verloren gegangenen, persönlichen Interessen nachzuspüren. Die wahrhaft göttlichen Bruschette mit selbst kreierter Wildschweinpastete und crema di tonno sind nur ein weiterer Beweis dafür, dass die Qualität der Küche des Amsoa unter Juliettas Ägide nicht würde leiden müssen. Auch der Professor murmelt schmunzelnd und genüsslich kauend, dass Feuerbachs Thesen wohl noch nie so überzeugend und nachhaltig widerlegt wurden. Er nimmt einen Schluck Prosecco und fährt fort: »Feuerbach fordert mehr Verantwortung für das reelle Leben, das Diesseits, und die Abkehr vom allzu großen Jenseitsstreben des Menschen. Ich hingegen behaupte: Ohne die Beschäftigung mit dem Jenseits, ohne die Frage nach einem übergeordneten Sinn, wäre der Mensch gar nicht ernsthaft in der Lage, Verantwortung für seine reale Existenz zu übernehmen. Nennen Sie mir Gründe, Antonio, die den Menschen dazu bewegen sollten, nachhaltig Verantwortung für diese Welt zu entwickeln, wenn er sein Leben nur als, verzeihen Sie, unbedeutenden Furz im Sturm der Weltgeschichte begreift. Was soll ihn motivieren, mehr zu tun als seine kurze Lebensspanne möglichst genussvoll, ganz an sich selbst orientiert zu verbringen, der eigenen Lust frönend, dem Diktat seiner Triebwelt folgend und das frei, frei auch von Verantwortung für sich und für andere, für eine leblose, weil sinnfreie Zukunft? Was soll den Menschen davon abhalten zu stehlen, zu rauben, zu lügen und zu morden?«

»Zunächst mal Regeln und Gesetze«, erwidert Antonio, »die ja vom Menschen bewusst aufgestellt wurden, um genau diesen Dingen, von ihm selbst als nicht wünschenswert erkannt für ein funktionelles Zusammenleben, Einhalt zu gebieten. Ergänzend steht über alle Normen erhoben das tief verwurzelte Wissen des Menschen um natürliches Recht, um grundlegende Menschenrechte, die Würde, die Freiheit, die Gleichheit.«

Mehrfach fährt sich sein Gegenüber nachdenklich über sein unrasiertes Kinn: »Regeln und Rechte wurden und werden von Menschen nur dann, so behaupte ich, aufgestellt, geschweige denn eingehalten, wenn hinter allem Leben wenigstens der Hauch von Außerordentlichkeit des Menschen und von Sinnhaftigkeit seiner Existenz erspürbar ist. Sobald dieses Spüren preisgegeben und die Suche nach Sinn beendet wird, folgt erst einmal eine schmerzvolle Erkenntnis: Der Mensch betrachtet sein Spiegelbild und entdeckt eine zufällig auf zwei Beinen auf der Erde dahinschreitende Kreatur, die aufgrund ihrer Physiognomie nicht in der Lage ist zu fliegen, und nur eingeschränkt zu schwimmen, sich daher laufend fortbewegen muss, eine Fähigkeit, die noch dazu lange und mühsam erlernt werden muss.«

»Aber immerhin weiß er sich ausgestattet mit denkerischen Fähigkeiten, die es ihm erlauben, seine Umwelt angepasst zu gestalten und die ihn zur erfindungsreichsten, letztlich zur überlegenen Kreatur dieser Erde machen«, unterbricht Antonio.

»Diese Denkfähigkeit sollte er vielleicht noch intensiver nutzen, dann würde er auch feststellen, dass sich die Produkte seines Denkens fatalerweise immer häufiger gegen ihn selbst richten, dass er offenbar nicht denkfähig genug ist, um die Folgen all seiner enormen Erfindungen zu erkennen beziehungsweise diese Folgen rechtzeitig zu verhindern und dass seine Gestaltungswut seiner eigenen Lebenswelt zunehmend die Kräfte entzieht. Da er es aber nicht anders kennt, Verantwortung und Zurücknahme nicht gelernt hat, versucht er mit immer neuen Erfindungen die negativen Folgen der bisherigen zu kaschieren.

Wenn er nun jede Sinnhaftigkeit hinter seinem Tun negiert, neigt er überdies dazu, selbst gewählt seiner Spiritualität beraubt, sogenannte lebensnahe Ziele zu suchen: Er sucht seine Selbstverwirklichung im Beruf, will möglichst Karriere machen, viel Geld verdienen, in der Hoffnung, mit dem Mehr an Geld auch ein Mehr an Zufriedenheit und Glück erwerben zu können, sorgt für perfekte Planung seines als zu kurz empfundenen Daseins, um möglichst viel darin unterzubringen. Der vergehenden Zeit setzt er Beschleunigung entgegen, alles muss immer dichter hintereinander, am besten gleichzeitig, schnell und effektiv stattfinden. Innehalten wird instinktiv als Gefahr erkannt, als Angst, besetzte Gefahr reflektieren zu müssen, was man getan hat und zukünftig tun wird.

Aufblitzende Bedenken, in größere Zusammenhänge eingebunden zu sein und für diese auch Verantwortung zu tragen, werden weggespendet und verdrängt.

Der Mensch beginnt Mauern zu errichten um seine kleine Welt und reagiert ungeduldig, wenn ein Ungebetener sie zu betreten versucht oder infrage stellt. Wenn früher oder später jedoch das ewige Fortschreiten ins Stocken gerät, die Karriereleiter doch weniger Sprossen besitzt als zunächst angenommen, wenn dem Sinnspruch folgend ein Baum gepflanzt, ein Haus gebaut und ein Sohn gezeugt ist, schlüpfen durch kleine Risse in den porös werdenden Mauern die ersten Fragen, die lange vergeblich angeklopft haben und ungehört blieben. Die Risse werden schließlich immer größer und damit auch die auftretenden Fragen, die eindringen: Was hast du aus deinem Leben gemacht, entsprechen die Ergebnisse deines Tuns deinen Erwartungen und Träumen, was hättest du anders machen können, was hast du versäumt und war das schon alles, oder wenn nicht, was kommt noch und auf welchem Weg? Und in der Rückschau schleichen sich Fragen ein, ob dein Tun den Aufwand wert war, auch ob es ausreichend wertgeschätzt wurde, ob du die richtige Liebe gepflegt hast, oder eine der vielen möglichen, anderen Lieben dein Leben glücklicher gestaltet hätten, ob die Kinder und die Liebe zu ihnen die Jahre der Einschränkung, der ständigen Sorgen, der Kämpfe und des Streits rechtfertigen, ob der Baum noch höher wachsen, das Haus nicht mehr Raum hätte vertragen können.

Und irgendwann, auf kurz oder lang, kommt sie doch noch um die Ecke, die Sinnfrage. Zunächst in Form von Leere. Und da diese Leere gefüllt werden muss, gerade darum bettelt, beendet zu werden, Sinn in und an sich aber so auf die Schnelle nicht zu bekommen ist, greift der Mensch gerne auf Fertigprodukte und Massenware zurück.

Diese Sinnangebote sind einfach zu kriegen und werden allerorten feilgeboten von ideologischen Marktschreiern: Ideologien zu Niedrigstpreisen! Sie bekommen alles, was Sie wünschen: gesellschaftliche und politische Ideologien, ethische oder ethnische! Heute im Angebot: frische wie gereifte Ideologien, garantiert normativ und ohne Ablaufdatum. Besonders günstig: wirtschaftliche Ideologien, da lacht die Börse! Beachten Sie auch unser Angebot an ideologisierten Religionen, ringversiegelt, durch lange Reife sehr dogmatisch und aus garantierter Käfighaltung. Oder sehen Sie: unsere zahlreichen Überangebote an lösungsfreien Wachstumsideologien, wie immer ohne innere Werte, geprüft sinnfrei, ohne Herz und Hirn, wegen Parasitenbefall billig abzugeben. Nein? Wie wäre es dann mit unserem schnell blühenden ›Atheismus ignorans‹, zur Zeit äußerst beliebt, geeignet für jede Gelegenheit, treibt immer neue bunte Blüten, verträgt sich bestens mit anderen Ideologien, kann gedankenlos behandelt werden, ist ziemlich billig und kann, dafür kriegen Sie die Quittung, jederzeit zurückgenommen werden. Was, immer noch nicht auf den Geschmack gekommen? Dann hätten wir hier im Hinterzimmer noch ein paar von diesen wunderbaren Philosophien, überwiegend etwas bitter im Geschmack und schwer zu verdauen, deswegen häufig nicht beachtet und kaum genossen und demzufolge fast umsonst. Aus ihren Früchten ließe sich ein feiner Wein keltern, in dem bekanntlich die Wahrheit wohnt. Leider sind diese hier schon etwas älter und Produzenten gibts kaum noch.

Schauen Sie nicht so indigniert, Antonio, mit diesem Blick, dieser Mischung aus Vorwurf und Verzweiflung. Ich befürchte, ich bin Ihnen nicht ernsthaft genug. Ich möchte, wenn Sie es erlauben, meine Gedanken noch zu Ende bringen, weniger sarkastisch, ich verspreche es: Recht geben muss ich also Feuerbach, wenn er kritisiert, dass der Mensch sein Denken, seine Entscheidungen und seine Verantwortung häufig ersetzt durch einen ideologisierten, vorgesetzten, normistischen Einheitsbrei. Und dazu gehören eben auch überdogmatisierte, am eigenen Nutzen orientierte Interpretationen von Glaube und Religion.«

»Der Mensch, das ist der entscheidende Punkt, Antonio, kann und sollte aller Ideologisierung und Indoktrination seine Vernunft und Denkfähigkeit entgegenstellen, sollte einfachen und allzu plausiblen Wahrheiten und Lehren mit kritischer Vorsicht begegnen, ihre Zielsetzung überprüfen und sie zuallererst dem Filter der Liebe und der Menschlichkeit aussetzen. Er sollte insbesondere nie aufhören zu fragen und zu denken. Denken ist nicht nur eine der wunderbarsten Gaben des Menschen, es ist auch seine größte Verpflichtung.«

Mit den letzten Worten des Professors öffnet sich die Flügeltür der Küche, Mark und Julietta betreten den Gastraum, zwischen sich eine riesige Platte, gefüllt mit herrlich duftendem, geschmortem Ofengemüse und Rosmarinkartoffeln, obenauf thronend ein mit frischen Gewürzen eingeriebener toskanischer Wildschweinbraten. Hinter ihnen erscheint Gabriella, die gute Seele des Amsoa und Mädchen für alles, ein leises Lächeln Richtung Antonio werfend, mit einem Tablett, auf dem sich eine große Karaffe mit Rotwein und den dazugehörigen Weinkelchen befindet. Der frühe Abend hat den Nachmittag abgelöst. Die Freunde begrüßen ihn mit einem ersten Schluck.

Kapitel 24

ALLES THEATER

TIEF VERSUNKEN SITZT Cécile an ihrem Schreibtisch im Institut mit Blick auf das Intarsienquadrat, auf dem Odysseus gerade den gewaltigen Bogen spannt, um einem weiteren fliehenden Freier mit einem Pfeil den Weg in den Hades zu weisen.

»Warum«, murmelt Cécile mehr zu sich selbst als zu Mark, der gebeugt über einer antiken Handschrift brütet, »warum sind insbesondere Männer immer wieder bereit, sich wegen Dingen, die sie nicht einmal etwas angehen, in Kriege zu stürzen, ihr ganzes Leben umzudrehen, ihre Familien zu verlassen, um mit Waffengewalt Interessen zu vertreten, die nicht ihre eigenen sind.«

Cécile wird eindringlicher: »Mark, schau die dir bekannte, weitgehend absurde Geschichte von Odysseus an: Alles beginnt mit der – allen die Sinne verdrehenden – Helena. Helenas Mutter, Leda, schwant nichts Gutes, als Zeus den Hals nicht lang genug bekommt und sich ihr in täuschender Gestalt nähert. Als sie Zeus erkennt, ist es zu spät. Er hatte sie, wie einst Adam Eva, schon zuvor erkannt. Die Folge dieser Schnellerkennung ist Helena. Sie wächst heran, wird immer schöner, bald gilt sie als die schönste und begehrenswerteste Frau ihrer Zeit. Die Folge ist, dass praktisch alle Herrscher und Könige Griechenlands ob ihrer den Verstand verlieren und schmachtend um sie freien, nicht zuletzt Odysseus, Herrscher über Ithaka. Da man zunehmend Angst bekommt«, fährt Cécile fort, »vor dem enttäuschten und eifersüchtigen Zorn der Verschmähten, wenn die Wahl auf einen von ihnen gefallen wäre, wird beschlossen, dass alle hoffnungsvoll Liebenden einen Eid schwören: Der Auserwählte solle nicht die Rache der anderen fürchten müssen, sondern ganz im Gegenteil von allen anderen in seinem weiteren Tun unterstützt werden. Troja lässt schon grüßen. Menelaos ist schließlich der von den Göttern geküsste Sieger des Wettwerbens. Was er noch nicht ahnt, dass schon bald die Götter wieder Schicksal spielen werden. Diesmal nicht zu seinen Gunsten: Der hübsche Paris wird als Richter auserkoren im Wettbewerb um den Apfel der Eris, der Göttin der streitbaren Auseinandersetzungen. Angetreten sind die stolze Athene, die liebreizende Aphrodite und die manisch eifersüchtige Hera. Es gilt, zu entscheiden, wer von ihnen die Schönste sei.

Als Paris seine Wahl trifft, kann er sich leider nicht der Unterstützung der Verschmähten versichert sein. Athene und Hera greifen, wann immer es sich anbietet, in sein Leben ein, voller Bosheit in ihrer eitlen Gekränktheit. Die Siegerin Aphrodite allerdings hat ein höchst begehrtes wie begehrenswertes Geschenk für ihn. Sie verspricht ihm die schönste Frau außerhalb des Olymp: Helena.

Paris, so beschenkt, entbrennt auf der Stelle vor Liebe zu dieser Traumgestalt. Helena folgt Paris auf sein Drängen nicht nur in sein Schlafgemach, sondern alsbald auch nach Troja, trotz ihres Ehebundes mit Menelaos.

Dieser ist verständlicherweise nicht sonderlich erfreut ob des Geschehens und befindet sich in höchstem Handlungsnotstand. Der gehörnte Gatte begibt sich nun nicht, wie man meinen könnte, persönlich nach Troja, um die beiden zur Rede zu stellen oder etwa den Entführer zum Zweikampf zu fordern oder gar den Priamos anzugehen, eine Entscheidung nach Recht und Ordnung zu treffen.

Nein, die Folgen seiner Rachelust wollen schon größerer Natur sein. Für die Liebelei ihres königlichen Sprösslings soll ganz Troja büßen. Er bläst zum großen Halali, und fast alle machen sich auf zur Jagd, selbst der listenreiche Odysseus folgt nach längerem Zögern. Zehn lange Jahre dauert der Krieg um die Hormone eines trojanischen Adonis. Viele sterben, Frauen und Kinder warten vergebens auf die Rückkehr ihrer Männer und Väter, andere erleben größtes persönliches Leid, einige werden gar verrückt ob des Grauens, das sie sahen. Wer Trojaner ist, wird bestenfalls heimatlos. Die meisten werden getötet, vergewaltigt, verschleppt und versklavt. Auch auf viele der siegreichen Griechen wartet nicht die erhoffte, baldige und ruhmreiche Heimkehr: Auf Agamemnon wartet die mordlustige Klytämnestra; auf Aias, seines Verstandes beraubt, der Freitod; auf besagten Odysseus eine, siehe Circe, nur in Teilen unfreiwillige, zehnjährige Irrfahrt. Nur etlichen Verstrickungen der Penelope verdankt er nach seiner Heimkehr die Möglichkeit, den ursprünglichen Status quo mit dem Bogen wiederherstellen zu können.

Der größte Held der Griechen, Achill, findet ironischerweise den Tod von der Hand des Schönlings Paris, kräftig unterstützt allerdings von Apoll, der einen vergifteten Pfeil entsendet, als Gott wissend um die einzig verletzliche Stelle am Körper des Achill, hinein in dessen sprichwörtlich gewordene Ferse. Der Tod wartete, wie man sieht, allerorten. Und dieses Beispiel ist nur eines von unzähligen vorher und danach.« Céciles Stimme wird zunehmend lauter und fordernder: »Bis heute zieht Mann in den Kampf, wenn das Horn ertönt, inzwischen leider auch Frau, man hat sich emanzipiert, und schlägt sich für irgendetwas die Köpfe ein, das meist sehr schnell in den Hintergrund gerät. Irgendwann geht es in jedem Krieg nur noch um die Frage, wer der Stärkere ist, etwas später ums blanke Überleben, wir oder ihr, ich oder du. Krieg reduziert sich überraschend schnell.

Und trotzdem marschieren wir immer wieder los im Namen irgendeiner scheinbar erhabenen Idee beziehungsweise des Glaubens an diese Idee. Zum Beispiel an die Idee der Rasse: an die absurde Idee, irgendwelche religiösen, genetischen, ethnologischen, ökonomischen oder gar linguistischen, vielleicht topologischen Kriterien könnten darüber entscheiden, ob ein Mensch besser sei als der andere. Verbunden damit ist die irrwitzige Annahme, der Stärkere könne das Aussterben des Schwächeren in einer Art evolutionärem Beschleunigungsverfahren auch gleich in Angriff nehmen, und das möglichst gründlich. Alternativ glauben wir an die etwas arrogant wirkende Idee, der ersten recht ähnlich, der Stärkere habe das Recht auf die mehrheitlichen Anteile an den Ressourcen dieser Welt. Oder besser: Er habe das legitime Recht, dieses Recht für Recht zu erklären. Dem Einwand, hierbei handle es sich um den blanken Glauben an das Recht des Stärkeren, könnte man nur entgegnen: So ist es! Aus beiden bisherigen Ideen hervorgehend die widersinnige, trotzdem viel und leicht geglaubte Idee einer gewaltsamen Terrorismusbekämpfung.«

Nun meldet sich auch Mark zu Wort: »Wie absurd, als könnte man der Gewalt mit Gewalt an die Gurgel gehen. Sie vermehrt sich doch gerade selbst in einer Art jungfräulicher Geburt, oder besser der Selbstbefruchtung. Wo sie ihre Samen versprengt, wachsen ihre eigenen Ableger, und wer der Wind ist, der die Samen verteilt, wird reiche und stürmische Ernte einfahren, und wer sie pflegt, beschleunigt ihr Wachsen. Jeder Tropfen Blut, jeder Tote, jeder Mord, jedes Unrecht schafft sich selbst neu und vermehrt sich, denn es sind Sprösslinge der Gewalt. Auch Gewalt, um Frieden zu schaffen, schafft nur wieder Tote, und diese wieder neue, und neues Chaos und neuen Schmerz.«

Die Diskussion der beiden überdauert sogar das zwischenzeitliche Mittagessen bei Laura und Donato. Als sie ins Institut zurückkehren, fährt Mark fort, im Stehen und mit großen theatralischen Gesten seine Ausführungen untermalend: »Weißt du, welche Fantasie mir beim Essen durch den Kopf ging, Cécile? Vielleicht stellt sich ja irgendwann einer der Chefprotagonisten der Gewalt, einer der ahnungsvolleren Herrscher über die Geschichte, den so unverhofft wie kurzfristig wehrlos sein Gewissen heimsucht, oder vielleicht sein Verantwortungsgefühl, hin und spricht zu uns Menschen: Verzeihen Sie, liebe Menschen, verzeihen Sie mir und meinen eingeweihten Kollegen dafür, dass wir Sie die ganze Zeit belogen haben.

Nun ja, eigentlich haben wir nur eine kleine Unterlassungssünde begangen, wir haben es unterlassen, Ihnen die Wahrheit zu sagen.

Die Wahrheit ist: Sie alle, liebe Menschen, sind Teilnehmer an einem Spiel, oder wenn Sie wollen Theater. Klingt zunächst einladend. Nur dummerweise kennen Sie die Spielregeln beziehungsweise das Drehbuch nicht, sondern nur wir paar Eingeweihte. Sie dagegen tapsen auf der Spielfläche herum, ohne zu wissen, worum es eigentlich geht, und halten das, was Sie gerade wahrnehmen, für die Realität. Aber das, was Sie als Realität wahrnehmen, geschätzte Komparsen, gestalten wir, die Regisseure. Die Drehbücher sind längst geschrieben, die Kulissen errichtet, die Bühnen gebaut, wir sind mitten im Spiel.« Mit großer Geste breitet Mark, zum offensichtlichen Vergnügen Céciles, seine Arme aus: »Stellen Sie sich vor, oder vielleicht ist es ja wahr, Sie sind Teilnehmer unseres wunderbaren *Figurentheaters*, von Liebhabern auch *Risiko-Improvisationstheater* genannt: Sie alle – ob Zuschauer oder Bühnendarsteller – sind mit Verstand und beinahe uneingeschränkter Bewegungs- und Handlungsfreiheit ausgestattet. Nur beinahe deswegen, weil Sie alle – ohne, dass es Ihnen wirklich bewusst wird – an Fäden hängen, an denen wir jederzeit ziehen können, wie es uns beliebt und wenn es uns geboten erscheint. Eigentliches Ziel dieses Theaters ist es, ein möglichst offenes und virtuoses Drehbuch zu entwickeln, das Ihnen Menschen denkbar viel Freiheit zum selbstbestimmten Improvisieren lässt und nur dann geschickt eingreift, wenn das Geschehen zu entgleiten droht oder gar Gefahr läuft, langweilig zu werden.

Eine Dramaturgie ist verlangt, die das beobachtete Geschehen möglichst spontan und beeinflussbar erscheinen lässt und die von der Regie nur mit eleganten, kleinen, kaum sichtbaren, aber effizienten Fadenzügen in die gewünschte Richtung gelenkt wird. Besonders gelungene Vorstellungen werden, unter uns, mit dem Kalauer bedacht: *Das hast du aber geschickt eingefädelt.*

Spaß beiseite: Ich spreche immer von wir und uns, ich habe uns unhöflicherweise noch gar nicht vorgestellt. Wir, das sind nicht etwa Politiker, wie vielleicht mancher schon angenommen hat. Nein, die Politiker sind eher die Schauspieler, die ihre Rolle spielen, ohne recht zu wissen, in welchem Stück sie gerade spielen oder ob sie überhaupt eine Rolle spielen. Wir dagegen sind ein auserlesener Kreis von Personen, die die eigentliche Macht besitzen über diese Welt. Unsere Fäden in diesem Schauspielhaus sind unser Geld und die Kunst der Intrigen.

Zusammengesetzt sind wir aus Großökonomen, ein paar Medienmogulen, wenigen außerordentlich machtbesessenen Staatsmännern, meist Diktatoren, natürlich einigen Ölmagnaten, einer kleinen Gruppe Computergenies, die wir angesichts ihrer chronischen Spielsucht leicht zum Mitmachen überreden konnten. Nicht fehlen durfte auch eine Handvoll besonders fantasievoller Finanzjongleure. Diese wurden zuletzt – wie ich finde zu Unrecht – öffentlich stark kritisiert ob ihrer Vorstellungen trotz hervorragender, umwerfender Regiearbeiten. Ihr Menschen seid so ergebnisorientiert. Was sind schon ein paar Pleiten gegen die Kunst der Inszenierung? Der besondere Reiz in diesem Theater besteht darin, den richtigen Zeitpunkt zu finden, wann wir eingreifen müssen, wann etwas droht zu eskalieren und wir eventuell die Kontrolle verlieren, dabei aber auch nicht zu früh zu regulieren, möglichst viel Raum zu lassen für freie, nun ja, fast freie Entscheidungen der Figuren, also euch Menschen. Wir sind kein reines Marionettentheater. Im Übrigen haben Sie vielleicht die vielen Schneidewerkzeuge bemerkt, die im Theater frei zugänglich herumliegen. Jeder der Spieler – ob Darsteller oder Zuschauer, ob Politiker auf der Bühne oder etwa die anwesenden Medien – könnte sich eine Schere nehmen und die eigenen Fäden durchschneiden und schnell einigen anderen, und die dann wieder anderen. Ganz schnell hätten wir anarchische Zustände im Haus.«

Cécile verhindert reaktionsschnell, dass Mark seine Übersetzungskopien mit einer Schere durchschneidet. Mark hingegen bewegt sich jetzt wie eine Marionette, ohne seine fiktive Rede zu unterbrechen.

»Ab und zu geschieht es auch, dass der ein oder andere seine Augen öffnet und erkennt, was hier gespielt wird, und seine Fäden abschneidet und andere versucht zu überreden, das auch zu tun. Doch die meisten von Ihnen Menschen sind zum Nachdenken und für Veränderungen zu phlegmatisch.

Man kann Ihnen die Fallstricke Ihrer Beeinflussung, Unfreiheit und Indoktrinierung direkt vor die Augen halten, man kann Ihnen sogar die Fadenkreuze und uns Fadenzieher in aller Deutlichkeit zeigen. Der absolute Großteil von Ihnen geriert sich – für uns beruhigend – unfassbar träge, will lieber seinen gewohnten Alltagstrott weiterleben, statt aufzustehen und befreit andere Wege zu suchen, will geradezu an der Leine gehalten werden. Sie behaupten, ohne nachzudenken, so oder so keinen Einfluss nehmen zu können, sodass wir meist gar nicht eingreifen, sondern nur warten müssen, bis sie in Masse gegen die paar Propheten aufbegehren und sie mundtot machen. Nur bei größeren Aktionen müssen wir mit ein paar kräftigen Fadenzügen nachhelfen, um allzu große Empörung fernzuhalten. Hilfreich für die Regie sind dabei Nebenschauplätze, die eine Weile die Aufmerksamkeit der Welt so beanspruchen, dass andernorts unbeachtet Fäden gezogen werden können. Besonders geeignet sind selbstredend Kriege jeder Art. Oder Haupturlaubszeiten: Die Parlamente sind ausgedünnt und leicht beeinflussbar, die Menschen kümmern sich verdientermaßen, wie sie sagen, ausschließlich um ihr eigenes Wohlergehen und nicht um Politik. Was in dieser Zeit stattfindet, wird in der Regel als gegeben hingenommen. Ähnlich, fast noch ausgeprägter, präsentiert sich das Phänomen während sportlicher Großveranstaltungen. Finden Olympische Spiele oder gar Fußballweltmeisterschaften statt, fallen ganze Teile der Welt in eine Art Dornröschenschlaf. Erst der letzte Abpfiff lässt viele von ihnen wiedererwachen. Kinderleicht lässt sich währenddessen an Fäden ziehen und manipulieren.

Die Politiker, die ihre Entscheidungen tragen, die kriegen wir schon, indem wir mit ein paar Scheinchen wedeln, häufig aber auch, indem wir uns ihren – Schauspielern eigenen – Hang zur Eitelkeit, zur Selbstdarstellung bis hin zur Selbstüberschätzung zunutze machen. Wir versprechen ihnen weiter Rollen, bessere, größere Rollen, Hauptrollen, Rollen, die, nebenbei bemerkt, deren Darstellungskompetenz weit überschreiten.

Ruhm und Ansehen, Reichtum und Macht lassen wir vor ihren imaginationsgeschulten, weit aufgerissenen Augen vorbeitänzeln. Und bald schon wiegen sich die Damen und Herren mit ihnen im gleichen Rhythmus. Geschmeidig und anpassungsfähig, wie sie es gelernt haben, beherrschen sie schnell die Schritte und bitten zum gemeinsamen Tanz. Die Musik dazu liefern natürlich wir. Worin unser Interesse besteht neben dem Reiz des Spiels mit der Macht, fragen Sie? Letztendlich ist es wohl wieder das gute Geld. Nicht dass wir es bräuchten, wir haben mehr davon, als wir je ausgeben könnten. Ein absoluter Großteil des liquiden Geldes dieser Welt befindet sich in unseren Händen. Sie, meine lieben Menschen, sind meist mehr oder minder stark verschuldet, dafür haben wir gesorgt. Nein, der eigentliche Reiz liegt darin, durch geschickte Regiearbeit die anderen von uns zu übertreffen, durch geistreiche Arrangements mehr Macht und mehr Geld zu gewinnen als die Konkurrenten, es geht also um das ›Mehr‹ im Vergleich zu den anderen.

All diejenigen unter Ihnen, und es sind, glauben Sie mir, nicht wenige, die an die Ideologie des Geldes glauben, können die nie befriedete Lust am ›Mehr‹ bestens nachvollziehen.

Mehr als zum Überleben notwendig kommt zuallererst, dann mehr als die Nachbarn, die Kollegen, die Freunde, Neid auf das ›Mehr‹ beliebig anderer.

Seien Sie mal ehrlich: Wer unter Ihnen kennt ihn nicht, den Neid auf das wunderschöne neue Markenkleid der Freundin (›vielleicht ein bisschen arg rückenfrei und ein Ausschnitt, dass man die Farbe des Höschens erkennen kann‹), auf den neuen Wagen des Nachbarn, der jetzt immer öfter seine Garagentür geöffnet lässt (›sicher geleast und daheim nur noch Knäckebrot und Margarine‹), auf das Urlaubsziel Ihres Zahnarztes mit den horrenden Behandlungskosten (›na ja, der nimmts auch von den Lebenden‹), auf das Segelboot Ihres Chefs (›der hats auch nicht kleiner, sollte lieber mal die Gehälter erhöhen‹), den Neid auf den Reichtum des nächsten, das Aussehen des übernächsten, den Erfolg des wieder nächsten. Die Reihe ließe sich beliebig erweitern.

So ähnlich können Sie sich das – in etwas anderen Dimensionen – auch bei uns vorstellen. Wir sind schließlich auch nur Menschen.

Witzigerweise haben Sie sogar ein eigenes Spiel entworfen, das der Wirklichkeit recht nahekommt: Monopoly. Hier ist der Erfolg – und das ist der Unterschied – allerdings dem Zufall des Würfelglücks unterworfen.

In der Wirklichkeit fädeln wir ein, wie die Würfel fallen. Wir gewinnen immer, da wir wissen, was passieren wird. Wir wissen, was die Zukunft bringt, denn wir machen sie, wir sorgen dafür, dass sie so eintritt, wie wir sie brauchen. Und Sie, statt genauer aufzupassen und zu bemerken, dass die Würfel gezinkt sind, beschweren sich über Ihr Würfelpech.«

Cécile erobert das Rednerpult: »Mit den Begriffen *Vorstellung* und *Wirklichkeit* haben wir im Übrigen eine wunderbare Überleitung zu unserer nächsten Bühne. Kommen Sie und sehen Sie: unser *Theater der Wahrheit und Lüge*, auch *Lustspielhaus* genannt, weil uns die kabarettistischen Aufführungen besondere Lust und Spaß bereiten. Wir testen in diesem Theater, mit wie viel Lüge und wie viel dreister Wahrheit man Menschen konfrontieren kann, ohne größere Widerstände fürchten zu müssen. Sie glauben gar nicht, welch große Mengen an Unsinn und Lüge Sie nicht wahrzunehmen bereit sind, während Sie gleichzeitig offenbarte Wahrheiten nicht als solche annehmen wollen ob der gefühlten Absurdität des Gedankens, dass diese – oft unangenehme und grotesk anmutende – Wahrheit so offen vor Ihnen ausgebreitet wird.

Besonders anfällig für solche gedanklichen Übertragungen sind übrigens – sehr praktisch für uns – die Intelligenteren unter Ihnen Menschen. Sie neigen in oft übertriebenem Bewusstsein ihrer Erkenntnisfähigkeit zur ständigen Komplizierung der Wahrheit und das sowohl hinter der Lüge als auch hinter der Wahrheit selbst in ihrer Offenkundigkeit. Und so denken sie meist ein paar Ecken zu weit. Was sie dann als erkannte Wahrheit deklamieren, ist nicht sie selbst, sondern ihr Schein. Und Sie anderen – uns zum Wohl – glauben denen auch noch, denn die sollten es schließlich besser wissen.

Für manche gilt das ja auch, weil sie die Augen ein bisschen weiter geöffnet haben als ihr anderen und die Manipulationsfäden erkannt haben und die Lügen und die Wahrheiten. Und was machen die Genannten? Nein, sie stehen jetzt, im Augenblick der Erkenntnis, nicht etwa auf und rufen laut aus: ›Mitmenschen, die ihr unsere Meinung schätzt, glaubt uns: Ihr werdet tagein, tagaus belogen und diese Wahrheit wird euch noch alltäglich vor Augen gehalten!‹ Und sie rufen nicht zum Mitdenken, zum Protest und zum Widerstehen auf, sie schreiten nicht voran im gedanklichen Aufstand.

Euch zuvorderst schreiten sie in ihrem Phlegma und ihrer Resignationsmanie – Viren, die euch massenhaft anstecken –, in ihrer Handlungslähmung und der, für uns so amüsanten, immer wiederkehrenden Parole: Das Geschehen in der Welt würden sowieso die da droben entscheiden.

Erkennen Sie die wunderbare Komik hinter dieser Wahrheit? Revolution macht die Intelligenz eher bei einem guten Rotwein im erlesenen Kreis seiner selbst und wischt sich dabei die Angestrengtheit von der intellektuellen Stirn.

Das *Lustspielhaus* ist nebenbei die risikobehaftetste unserer Bühnen. Mit der Wahrheit ist nicht gefahrlos zu jonglieren. Wird sie zu deutlich, breitet sie sich schwer kontrollierbar aus. Vor einigen Jahren hatten wir so einen Fall. Der von uns gewählte Hauptschauplatz lag im Fernen Osten. Wir inszenierten einen Krieg und wollten weitgehend unbemerkt ein paar lohnende Geschäfte machen. Doch die Inszenierung misslang gründlich. Die Lügen, die wir streuten, waren nicht hinreichend und schlecht begründet. Der Krieg forderte zu viele Tote und verlor zunehmend seine erkennbare Sinnhaftigkeit. Der Boden brannte und als wir löschen wollten, war längst ein Flächenbrand entstanden. Reihenweise standen die Menschen auf und benannten erstaunlich wirklichkeitsnah das Unrecht, das wir verbreiteten. Sie stellten uns hemmungslos an den Pranger und wir hatten alle Hände voll zu tun, um dem entgegenzuwirken.

Erfolgreich natürlich, aber es dauerte Jahre. Die Menschen hatten plötzlich Gefallen daran gefunden, zu denken und zu erkennen, sie spielten nicht mehr die Rollen, die wir ihnen diktierten, fragten nach einem tieferen Sinn ihres Seins, wählten freiere Inszenierungen, warfen Konventionen über Bord – wie soll man, nur als Beispiel, Menschen in Schach halten ohne anständige Sexualmoral?

Dann begannen Sie auch noch zu singen. Wir konnten nicht einmal über die Angst Ihrem fröhlichen Widerstand begegnen. Wir mussten den Krieg enden lassen, sein ursprünglicher Sinn war längst konterkariert, mussten Ihnen zunächst viele Freiheiten lassen, unsere Intrigen gemäßigter und durchdachter spinnen, Ihnen Freiheit und Unabhängigkeit vorgaukeln.«

Mark schiebt Cécile zärtlich, aber bestimmt hinter dem Pult zur Seite und fährt fort: »Schließlich kam uns die rettende Idee. Wir mussten Ihr Denken reduzieren mittels der fabelhaften Kraft informatorischer Beliebigkeit.

Dazu haben wir Sie auf eine weitere Bühne gelockt: das *Halluzinationstheater.* Hier werden Sie so lange imaginierten Vorstellungen ausgesetzt, bis Sie diese als Wirklichkeit anerkennen. Dieses Theater wird nur im Notfall eingesetzt, wenn wir Sie, geneigtes Publikum, und Ihre Proteste gar nicht mehr in den Griff bekommen.

Seit der Krise damals bombardieren wir Sie gleichsam mit Imaginationen, die von Ihren eigentlichen Bedürfnissen ablenken. Auch erfolgreich übrigens, wie Sie an sich selbst sehen. Wir haben Ihr Blickfeld mit Bildern zugepflastert und nebenbei noch bestens verdient.

Unzählige Hochglanzillustrierte haben wir auf Sie niederregnen lassen und Sie haben sie gekauft, um zu lesen und zu lernen, wie gelungenes Leben aussieht, auch wie Sie auszusehen haben, um schön zu sein, wir haben Ihnen eingeredet, das alles und noch mehr bräuchte jeder von Ihnen. Wir haben immer bessere Fernseher auf den Markt geworfen, mit immer mehr Sendern und Programmen und natürlich spitzenmäßiger Qualität, und Sie glaubten den Bildern, die Ihnen Bildung versprachen. Die Bilder wurden mit jedem neuen Gerät besser und wirklicher, und daher kauften Sie diese weiter willig.

Und dann kam eine unbegreifliche Flut von Nachrichten und Bildern über Sie, die zu einem undurchsichtigen Nebel wurden, in dem Sie sich nicht mehr ausgekannt haben und dabei die Orientierung verloren haben und mit ihr die Fähigkeit, die Bilder zu selektieren und zu reflektieren, zu erkennen, was Schein und Wirklichkeit ist.

Normalerweise ein möglicher Zeitpunkt, wenn ich mir die Bemerkung erlauben darf, um mit Ihresgleichen auf die *Wahrheit und Lüge-Bühne* oder ins *Figurentheater* zurückzukehren. Bei Ihren Generationen hielten wir es für verfrüht. Ein wenig saß uns noch der Schrecken des Gewesenen im Nacken. Daher haben wir das Spiel noch eine Weile auf dieser Bühne belassen.

Wir haben Sie mit unfassbarem Schrott dauerberieselt. Ein Hoch auf den Kollegen, der auf die Idee kam, Möchtegern-Prominente in den Urwald zu schicken, um sie dort vor laufender Kamera Maden verzehren zu lassen. *Das ist abstoßend und ekelhaft* haben wir anderen gesagt und hoch gewettet, dass das kein Mensch sehen will. Wir haben die Wette verloren, Sie haben uns eines Besseren belehrt.

Spätestens jetzt haben wir kapiert, wie Manipulation bei Ihnen am einfachsten funktioniert. Man muss nur Ihre negativen, niederen Instinkte aktivieren: Gier und Neid, Hass, Intoleranz und Ausgrenzung, Schaulust und die Manie nach Superlativen, um nur einige zu nennen, nicht zu vergessen selbstverständlich die Schadenfreude, die genauer betrachtet ein hochinteressantes menschliches Phänomen darstellt: die Lust am Fall des anderen; die Idee, das Unglück, Pech, Unvermögen eines anderen könne die eigene Existenz adeln, sie in ein anderes, besseres Licht rücken, der absurde Gedanke, die eigene Situation verbessere sich durch das Aufscheinen der noch schlechteren eines anderen.

Erfolgreich arbeiten wir seit einiger Zeit übrigens an Ihrer Kommunikationsstruktur im Wissen darum, dass Aufruhr nur da entsteht, wo mehrere zusammenkommen und miteinander reden. Und somit haben wir dahingehend Einfluss genommen – ein Lob unseren Technikern –, dass die Menschen weniger zusammenkommen, gleichzeitig aber trügerisch dem Gefühl erliegen, mehr miteinander zu reden. Also erfanden wir für sie Gameboys, Handys, Computer, SMS und E-Mail, das Internet, Laptops, Smartphones, iPads und iPods und Facebook und Apps. Gleichzeitig haben wir Ihnen eingeredet, dass dadurch das Leben leichter wird und praktischer, dass Sie sich Zeit sparen, Ihnen freie Zeit geschenkt wird. Und um diese zu füllen, haben wir Ihnen Spiele aller Art in die Regale gestellt, die leer waren, weil wir die Bücher herausgenommen hatten. Und wir haben Ihnen plausibel erklärt, dass Ihre Kommunikation immer einfacher wird. Sie könnten Ihre Termine und Treffen immer kurzfristiger und spontaner gestalten, zu- und absagen, eigentlich müssten Sie sich gar nicht treffen, Sie könnten auch über Ihre Handys und Computer miteinander reden und kommunizieren und könnten sich sogar sehen; und vielleicht sogar – weitgehend risikofrei – kennenlernen und näherkommen.

Und zunehmend haben wir uns einen Spaß daraus gemacht, immer kuriosere Entwicklungen auf den Markt zu werfen, nur um zu sehen, was Sie alles mitmachen: Wir haben Sie mit allen denkbaren Versprechungen gelockt, und Sie, meine Damen und Herren, und jetzt sollten besonders auch die Jüngeren unter Ihnen aufmerksam zuhören, haben alle mitgespielt.

Versprochen haben wir Ihnen Sex und Sie haben uns Porno- und Datingseiten abgekauft, schnelle Informationen und Wissen haben wir Ihnen versprochen und Sie lassen beim Surfen pausenlos die Werbung für unsere Produkte über sich hereinbrechen, während Sie meist recht zusammenhanglos im Internet herumsuchen, auf der Jagd nach immer neuen Informationen, die Sie schon allein aufgrund ihrer Unmenge längst nicht mehr zu verarbeiten in der Lage sind.

Übrigens ein wunderbares Bild, wie ich finde, das sich einer von Ihnen da ausgedacht hat: das Surfen. Ich stell mir vor: Menschen, die in Abhängigkeit von doch recht wackligen Brettern, auf denen sie balancieren, auf eine neue Welle warten, die sie tragen soll, und von der sie hoffen, dass sie auf dieser ihr Gleichgewicht finden, und die, wenn sie von der Welle erfasst werden, in wilder Hatz deren Geschwindigkeit aufnehmen, dabei peinlichst darauf bedacht, an der Oberfläche zu bleiben.

So viel nebenbei. Versprochen haben wir Ihnen auch Spaß und Unterhaltung und Vereinfachung und vor allem die totale Kommunikation. Und nun erfreuen Sie sich an ständig neuen Apps, kaufen bei eBay, verschicken mit Amazon, orientieren sich mit Navigationshilfen, versenden zeitsparende, rudimentäre Kurzmitteilungen, amüsieren sich bei Youtube, beim Googeln und Loaden, up und down, E-Mailen, am besten an Sammeladressen, finden Freunde im Netz, versenden Ihre Einsamkeit in die Welt und Ihre Gefühle, Ihre Ängste, Ihre Vorlieben und Laster, Ihre Eigenartigkeiten, Ihre Hoffnungen und Fantasien, Ihre Freuden und Ihren Unmut. Sie zeichnen unzählige Spuren Ihres Lebens ins Netz.

Was wir Ihnen dabei verschwiegen haben: Während Sie Ihre Spiele spielen, spielen Ihre Freunde bei sich zu Hause die gleichen Spiele, sie begegnen bei Ihren Einkäufen keinem Menschen mehr, Ihre Geschenke werden unpersönlich, werden verpackt von unterbezahlten Arbeitsnomaden. Sie werden orientierungslos bei allem Navigiertwerden, stellen sich selbst und anderen keine Fragen mehr, denn die Antworten geben Ihnen Ihre Maschinen, einfach und eindeutig, und zwar so schnell, dass es sich für Sie nicht mehr lohnt, selbst darüber nachzudenken.

Mit der Suche nach eigenen Antworten auf entstandene Fragen aber, meine Lieben, beginnt das Denken, das Verknüpfen, das Differenzieren und Selektieren, das Reflektieren. Mit dieser Suche lernen Sie Ihre Intuition zu nutzen, das Tasten, das Fühlen, das Sehen und das Hören. Und Sie erkennen auf der fragenden Suche, dass gefundene Antworten nicht eindeutig sind, dass angestrebte Wahrheiten nie vollständig und endgültig sind. Mit der Suche nach Antworten auf Ihre Fragen zieht die Morgendämmerung des sechsten Schöpfungstages herauf. Mit dieser Suche beginnt die Abstraktionsfähigkeit und Transzendenz, und mit deren sprachlichen Ausgestaltung im Austausch mit anderen die Einzigartigkeit des Menschseins.

An dieser Stelle – entschuldigen Sie meinen Zynismus – ein kräftiges lol auf die sprachliche Gestaltung Ihrer SMS und Mails. Einige unter Ihnen behaupten gar hierbei einer modernen, völlig normalen Sprachentwicklung beizuwohnen. Eine Entwicklung liegt tatsächlich vor, so viel kann ich Ihnen sagen, aber eher eine zurück zu den Ursprüngen der sprachlichen Verständigung.

Ernsthafte Zweifel – ich bitte nochmals um Verzeihung –, ob Sie überhaupt noch denken, sind uns gekommen, als wir Sie ins *Facebook-Theater* luden und damit zum Mitspielen in einer wahrlich tragikomischen Groteske.

Zunächst gab es für uns einige Überraschungen. Wir waren überrascht über die überragende Anzahl an freimütigen Mitspielern und das Ausmaß des Bedürfnisses nach Selbstdarstellung. Überrascht waren wir auch über Ihren ungebremsten Hang zu paradoxen Wahrnehmungsstrukturen. Es ist kaum zu glauben, was wir auf der Bühne zu sehen bekommen: Während Sie im Chor Protestlieder gegen Überwachung und Bespitzelung im Theater ertönen lassen, laufen Sie fast alle auf die Bühne und ziehen sich vor den Augen der ganzen Welt aus. Nackt bis auf die Knochen beschweren Sie sich über uns Voyeure, die wir nicht die Augen verschließen vor Ihrer Nacktheit. Was für ein Bild, das müssen Sie zugeben: Nudisten auf dem Protestmarsch gegen das Nacktsein, schamgeplagte Exhibitionisten. Etwas konkreter: Wozu, glauben Sie, von Ausnahmen natürlich abgesehen und unser Interesse vorausgesetzt, benötigen wir die Ergebnisse von Nachrichtendiensten, wenn Sie alle Röntgenbilder Ihrer Personen öffentlich auf dem Servierteller präsentieren? Ich hoffe, ich höre jetzt nichts von Schutzbeschränkungen, Datenschutz oder gar Persönlichkeitsrechten. Jedes noch so kleine Detail, das Sie im Netz offenbaren, bleibt dort auch auffindbar und ist mit ein paar gezielten Tastenbewegungen für uns abrufbar. Aber das wissen Sie ja längst, nicht wahr?

Praktisch alle von Ihnen hinterlassen perfekte Fingerabdrücke und das Absurde ist, Sie erkennen das ganz genau, wollen es aber nicht wahrhaben. Es ist, als würde man zur Abschreckung eines Einbrechers den Wohnungsschlüssel außen ins Schloss stecken, anbei eine Nachricht mit dem Ort und Zugangscode des Tresors, hoffend, dass der Dieb bei so viel Offenheit sein Vorhaben abbrechen würde, und wunderte sich später bei seiner Heimkehr über die geöffnete Wohnungstür und natürlich die des Tresors, in dem nur noch ein Zettel liegt mit der Aufschrift: *Danke*.

Eigentlich ist es schwer begreifbar, wie weitgehend scham- und bedenkenfrei und offenbar schmerzlos viele von Ihnen Ihr komplettes Persönlichkeitsprofil öffentlich machen. Wir wissen, was und wo Sie kaufen, wofür Sie sich interessieren, was Sie begehren, was Sie denken, wovon Sie träumen, wissen jederzeit, wo Sie sich befinden und wohin Sie sich bewegen, wir kennen Ihre Bankbewegungen, Ihre noch so intimen Korrespondenzen, die Sie, nebenbei bemerkt – an Ihre rare Zeit und Geduld denkend –, etwas weniger detailbesessen und kürzer gestalten könnten. Wir wissen, wen Sie lieben und hassen, wer Sie hintergeht und wen Sie hintergehen. Auf all die unappetitlichen Bilder, die wir immer wieder sehen müssen, wo Sie sich über den Tisch entleeren, sich betrunken entkleiden oder gar begatten, möchten wir nicht näher eingehen.«

»Stopp, Mark, genauer will ich das gar nicht wissen!« Cécile erobert das Pult zurück und beendet, begleitet von einem strengen Blick auf ihre Armbanduhr, die Theatervorstellung: »Meine Damen, meine Herren, ich verspüre rechtzeitig, bevor ich auch noch von unseren weiteren Bühnen plaudere, einen angenehmen Rückgang meines Verantwortungsbewusstseins und meiner Wahrheitsseligkeit. Ich kehre in meine ursprüngliche Rolle zurück, die des Regisseurs. Wir befinden uns auf der Ihnen – ob fiktiv oder nicht – wohlbekannten Bühne des *Wahrheit oder Lüge-Theaters.*

Und jetzt werde ich Ihnen eine letzte Frage stellen, sie lautet: *Wahr oder nicht wahr?* Ist es wahr, was Ihnen alles von mir offenbart wurde, oder eben nicht? Es ist Ihre Entscheidung! Folgend ein wohlgemeinter Ratschlag an Sie: Entscheiden Sie sich für *Lüge*. Sollte das Ergebnis anders ausfallen, also Wahrheit, ja dann müssten Sie jetzt unbequemerweise aufstehen und kämpfen und protestieren, müssten Ihre Politiker gegen noch nicht von uns Gelenkte austauschen, Sie müssten uns die Fäden durchschneiden, müssten für eine gerechtere

Dramaturgie sorgen, eine solidarischere und menschlichere, Sie müssten Ihre Mitmenschen wieder wahrnehmen und mit ihnen reden, und müssten eingestehen, dass die eigene Einzigartigkeit nur im Gegenüber der Einzigartigkeit anderer entstehen kann.

Vor meinem Abtreten noch eine kleine Gemeinheit: Egal, welche Entscheidung Sie auch treffen – im Moment Ihrer Entscheidung befinden Sie sich auch auf dieser Bühne! Oder nicht?«

Kapitel 25

SPIEL UND FANTASIE

»**WEISST DU, CÉCILE,** welche Bühnendarstellung ich noch vergessen habe?«, fragt Mark leicht atemlos, während die beiden eiligen Schrittes das Institut verlassen, das unmittelbar hinter ihnen geschlossen wird. Kurze Zeit später – sie stehen auf Céciles Lieblingsbrücke – beantwortet er seine Frage selbst: »Ich würde auf der *Wahrheit-und-Lüge-Bühne* regelmäßig das *Kirchentheater* auftreten lassen. Vielleicht mit dem Stück: *Im Namen des Vaters.*

Behandelt würde eine weitere absurde Idee, mit der Gewalt gerechtfertigt wird: Gewalt, Folter und Tod, Krieg und Verwüstung im Namen Gottes und als Ausdruck seines Willens. Ich würde mich glücklich schätzen, sollte ich alt genug werden dürfen, um je zu erfahren, wie Menschen auf die Idee kommen und andere glauben machen konnten, sie besäßen Wissen um den Willen Gottes und könnten in dessen Namen und in seinem Geist Trauer und Leid über andere ausgießen, um diesen Gott im gleichen Atemzug den Undurchdringbaren, Undurchschaubaren und Unbegreiflichen zu nennen und ihm wiederum zeitgleich alles Böse und Schlechte, auch den Willen dazu, abzusprechen. Ketzerisch könnte man fragen, ob Gott denn nicht mehr der Herr sei über seinen eigenen Willen?« »Was nebenbei meinen persönlichen Willen angeht, wird er zunehmend beherrscht von meinem knurrenden Magen. Lass uns ins Amsoa gehen, Mark, bevor meine Erinnerung, gegessen zu haben, endgültig verblasst.«

Mit der untergehenden Spätherbstsonne, die einen letzten Glitzerteppich auf das Wasser der Grachten zaubert und dabei erstaunlich schnell ihre wärmende Wirkung verliert, begeben die beiden Fröstelnden sich – die Arme schützend umeinander geschlungen – raschen Schrittes in das zur zweiten

Heimat gewordene Lokal. Als sie die Tür öffnen, lädt sie die wohlige Wärme des offenen Kaminfeuers zum Eintreten ein. Aus der Küche wirft ihnen Julietta, gerade mit den letzten Vorbereitungen für die Abendkarte beschäftigt, stürmische Handküsse zu.

Sie gesellen sich zu Bonetti, Antonio und Raimond, die sichtlich vergnügt an der Theke sitzen. Raimond springt erfreut auf, wodurch zunächst sein Barhocker das Gleichgewicht verliert und in dessen Folge auch er selbst. Die Hand noch zum Gruß an Mark erhoben, taumelt er auf die verdutzte Cécile zu und findet erst in einer etwas stürmisch geratenen Umarmung wieder Halt.

»Sei vorsichtig, Liebster!«, keucht Cécile, und als Raimond augenblicklich seine Körperspannung lockert: »Nicht mit mir oder meinem Bauch, sondern mit dir selbst, wir brauchen dich noch, manchmal bist du …«

Eine Vollendung des begonnen Satzes verhindert Raimond, indem er Cécile lange und zärtlich küsst, darauf in die Knie geht, zärtlich über ihren Bauch streicht und ein kaum hörbares Gespräch mit dessen Bewohnern beginnt.

Nur eine Bauchdecke entfernt von seinem Mund liegen, trotz der zunehmenden Enge, die beiden Geschwister im warmen Fruchtwasser wohlig und bequem und lauschen der Stimme ihres Vaters. Als dieser gerade die Vorzüge ihrer wundervollen Mutter preist, geben sie ihrem erfreuten Beifall Ausdruck durch leichtes Trommeln mit den Füßen gegen Céciles Bauchdecke.

»Bevor wir alle in Tränen ausbrechen«, unterbricht Bonetti die aufkommende Rührung, »setzt euch doch zu uns, ihr beiden. Raimond, Antonio und ich haben uns gerade einem wie ihr seht – sehr erheiternden Spiel zugewandt. Wenn ihr Lust habt, dann macht doch mit.«

Ohne Zustimmung abzuwarten, erklärt er ihnen die Regeln: »Ausgegangen wird von einem Begriff. Der erste von uns nennt einen Begriff, der mit dem Ausgangsbegriff assoziiert werden kann, der zweite zum Begriff des ersten und so weiter. Der Folgebegriff muss mit seinem Vorgängerbegriff oder einem Teil dessen inhaltlich, sinngemäß oder humorvoll zusammenpassen und spontan geäußert werden. Jeder hat, in Form von Bierdeckeln, drei Stopp-Schilder zur Verfügung. Mit ihnen kann man die Assoziationskette kurz unterbrechen. Man wirft sie in die Mitte und schlägt zeitgleich hörbar auf die Theke. Man zwingt damit den zuletzt Wortbildenden zu einer Erklärung. Alle Spieler entscheiden dann per Daumenvotum, wer von beiden einen Deckel verliert. Beleidigungen oder Beschimpfungen während des Spiels sind ausdrücklich erwünscht.

Gewonnen hat, wer den ersten Begriff sinnvoll assoziieren kann, also mit dem Ursprungsbegriff die Kette beenden kann. Fangen wir an? Als Ausgangbegriff wähle ich die *Liebe* – ein Hoch auf sie, die Liebe, weil sie Ursprung alles Guten und Schönen ist – Antonio, Sie sind dran, und dann geht es im Kreis weiter!«

[Ein kleiner Tipp des Erzählers an Sie, geduldige Leser: Überspringen Sie die folgenden Seiten! Nur wenn Sie völlig verrückt, epistemisch ambivalent veranlagt oder einem Übermaß bewusstseinsverändernder Substanzen zugetan sind, lesen Sie, was folgt!

Da Sie noch weiter lesen, haben Sie sich offensichtlich entschlossen, dabei zu bleiben. Also dann ein paar Erklärungen zum Szenario: Fünf erwachsene Menschen sitzen in einem durchaus veritablen Restaurant am Eck der Theke, reden wirr durcheinander, kichern zunächst, lachen sogleich, an Erstickungsanfälle erinnernd, gestikulieren wild, beschimpfen sich, umarmen sich gleichzeitig, klopfen – keinem Rhythmus folgend – mit der Hand auf die Theke und werfen offenbar belustigt Bierdeckel hin und her. Einer von ihnen ist auch noch der Wirt der Kneipe.]

Kummer (A) – **Kasten** (B) – **Wesen** (M) – »Stopp!« (Cécile, sich die Hand reibend): »Was bitte, Mark, hat ein Kasten mit einem Wesen zu tun?«

Mark: »Ist man in einer, so ist man ihm unterworfen.«

Cécile: »Dem Kasten?«

Mark: »Nein, dem Wesen!«

C, R, A, B: »Häh?«

Vier Daumen bewegen sich nach unten, Mark kommt ihnen zuvor: »Zusammen gelesen ist es das indische Kastenwesen!«

Kopfschütteln. A, B, M, C, R: Alle Daumen sind oben, Cécile muss einen Deckel abgeben.

Zug (C) – **Führer** (R) – **Heil** (A) – **Armee** (B) – **Beine** (M) – **Zehen** (C) – **Elf** (R) – »Stopp!« (A): »Solltest du jetzt behaupten, du hättest elf davon, dann musst du auf der Stelle den Beweis antreten!«

Mark: »Los, Raimond, Socken aus!«

Bonetti grinst. »Oh, ich fürchte ...«

Raimond: »Na, wer hat die Zehen in einer Elf?«

A, C, M: »Wie bitte?«

Bonetti: »Der Spielmacher. Der Zehner in einer Elf.«

Raimond: »Richtig, auf zehn folgt elf!«

Alle Daumen nach oben unter Buh-Rufen.

Meter (A) – **Stab** (B) – **Hoch** (M) – **Tief** (C) – **Regen** (R) – **Neger** (A) – »Stopp!« (C) Antonio: »In der Umkehr des Flusses wird die Haut dunkel.«

Cécile: »Poetisch erklärt, aber viel zu flach, Herr Wirt!«

Drei Daumen nach unten, einer (B) nach oben.

Antonio: »Humorlose Zicke!«

Cécile: »Wein halt!«

Antonio: »Gerne«, und schenkt sich selbst nach.

Manisch (B) – »Stopp!« (M)

Raimond weicht geschickt einem heranfliegenden Bierdeckel aus.

Mark: »Schwarze Manie?«

Bonetti: »In der Hand den zweiten Teil des Schwarzen wird man so bezeichnet.«

Cécile: »Klingt irgendwie Schwedisch!«

Antonio: »Chinesisch?«

Bonetti: »Ger-manisch!«

Vier Daumen nach oben.

Deutsch (M) – **Land** (C) – **Name** (R) – **Peter** (A) – **Pan** (B) – **Optikum** (M) – **Linse** (C) – **Jakob** (R) – »Stopp!« (J aus der Küche): »Jakobslinsen, interessante Vorstellung von Hülsenfrüchten. Jakobsmuscheln gibt es übrigens gleich mit einem

Sud aus frischen Tomaten. Mark, könntest du mal kommen, Hand anlegen?«

Mark: »Con piacere, vengo subito!«

Julietta: »No, meglio un po più tardi.«

Antonio (fast streng): »Na, na?!«

Bonetti: »Bravo, che bella risposta!«

Antonio (sehr streng): »Na, na???! Professor!!«

Bonetti: »Temperamento mutantur!«

Antonio: »Sie mich auch!«

Cécile: »Si tacuisses …!«

Raimond: »Silentium! Der hungrige Esau verlor gegen ein Linsengericht sein Erstgeburtsrecht durch den Betrug seines Bruders *Jakob*.«

Julietta (Luft holend aus der Küche): »Muscheln?« – Kuscheln! (M) – Cécile singt: »Bruder Jakob, Bruder Jakob.«

Mark singt leicht entrückt: »Ding dang dong …!«

Antonio (äußerst streng): »Na, na, Schluss jetzt!«

Weg (A) – **Bereiter** (B) – **Sprung** (M) – **Brett** (C) – **Kopf** (R) – **vor dem** (A)

Bonetti: »Niveau ade.«

Mark (aus der Küche zurück): »Scheiden tut weh!«

Mehrung (M) – »Stopp!« (R): »Rettet dem Dativ oder wie?«

Mark: »Lies uns beide zusammen, ihn nur zur Hälfte«, er zeigt auf Antonio, »das schafft Erhellung!«

Raimond: »Mark Anton?«

Cécile: »Oh nein, Raimond, mir d-e-ä-m-mehrts!«

Raimond: »Nein! Oh je! Bitte! So nicht! Krank! Ausschluss! Lokalverbot!!«

Bonetti (wirft wild mit Bierdeckeln nach Mark): »Steinigt ihn!« Zwei Daumen nach unten, zwei nach oben. In der Essensdurchreiche erscheint der erhobene Daumen Juliettas. Raimond: »War klar, Kooperation in allen Lagen!«

Antonio: »Basta!«

Geld (C) – **Schein** (R) – **Bar** (A) – **Mizwa** (B) – **Beschneidung** (M) – **Islam** (C) – **Blind** (R) – »Stopp!« (B)

Raimond: »Die zweite Silbe der Religion sollte euch sehend machen!«

Bonetti: »… und entspricht der Qualität ihres Humors.«

Cécile: »Gemein!«

Mark: »Aber wahr!«

Ein Daumen nach oben, drei nach unten.

Passagier (A) – **Neid** (B) – **Hammel** (M) – **Bison** (C) – **Fell** (R) – **Winnetou** (A) – **Manitu** (B) – **Schuh** (M) – **Puderrosa** (C) – **Luxemburg** (R) – »**Stopp**!« (A): »Non ho capito.«

Raimond: »Rosa Luxemburgo, una figura della storia tedesca.«

Antonio: »Sono così stupido.«

Bonetti: »No, sei un italiano dal paese basso!«

Frieden (A) – **Krieg** (B) – **Leo** (M) – **Part** (C) – **Ei** (R) – **Gelb** (A) – **Mond** (B) – **Schein** (M) – **Sonate** (C) – **Schubert** (R) – **Brecht** (A) – **Mutter** (B) – **Courage** (M) – **Kinder** (C) – **Liebe** (A)

Antonio: »Fantastico, ich habe gewonnen, wie erwartet!«

Ein Regen von Bierdeckeln prasselt auf ihn ein.

Bonetti: »Die letzte Regel unseres Spiels, Antonio, lautet übrigens: Der Sieger darf im Glücksgefühl seines Triumphs für die trauernden Verlierer eine neue Flasche Wein öffnen, auf seine Kosten, versteht sich.«

Alle bis auf einen sind einverstanden, Antonio verschwindet grummelnd hinter der Bar und beugt sich der Mehrheit.

Nun werden Speisen aufgetragen an der großen Tafel des Restaurants. Nach dem Mahl gesellen sich nach und nach andere Gäste dazu. Antonio und Gabriella teilen Zettel aus. Jeder muss einen Begriff und seinen Namen darauf schreiben. Gabriella und der – mit Blick auf sie – leicht verträumt wirkende Wirt ziehen aus den eingesammelten Blättern drei Begriffe:

Savonarola – Maus – Schiff

Antonio erklärt kurz, was im Folgenden geschehen soll: »Verbunden mit dem Hinweis darauf, dass sich keiner der hier Anwesenden seiner sogleich zufallenden Verantwortung entziehen darf, wird Gabriella nun drei Namen vorlesen, die sie vorhin – natürlich dem Zufallsprinzip folgend – gezogen hat. Die drei Genannten müssen sich zu den drei schon vorliegenden Begriffen eine Geschichte ausdenken und uns diese in freier Rede vortragen. Anders ausgedrückt: Denken und Sprechen sollten spontan und gleichzeitig stattfinden. Wer schneller denkt als er spricht, läuft Gefahr, dass das Gesprochene so weit hinter dem gerade Gedachten hinterherhinkt, dass er erst einige, später Gedachtes erklärende, Gedanken überspringen muss, um das gerade Gedachte aussprechen zu können. Womöglich wirkt das Ausgesprochene, wenn es das Gedachte nie erreicht, recht gedankenlos.«

»Antonio, bitte, respice finem!«, ruft Bonetti.

Ein leises »Non habeo papam« ist zu vernehmen.

»Bildungswichtigtuer! Aber gut, ich fasse mich kurz. Wenn der Vortragende hingegen schneller spricht als er denkt – wie es häufig in der Politik geschieht – müssen die Gedanken zum schon Gesprochenen beim Sprechen erst gebildet, oder, bildlich gesprochen, nachgedacht werden. Das hat wiederum den Vorteil, dass der Sprechende für das Gesprochene nie in der Verantwortung steht, da er jederzeit und mit Recht sagen kann, dass er das Gesprochene gar nicht gedacht hat und daher …«

»Schluss jetzt, Papa, abbiamo capito!«

»Et tu, sua figlia«, murmelt Bonetti.

Gabriella liest vor: »Bonetti« – der grummelt: »Natürlich, rein zufällig!« –, »Antonio« – der Gabriella einen liebevoll strafenden Blick zuwirft –, »Und Freddy« – die lächelt. »Wir beginnen nach dem Alphabet. Antonio zählt als W wie Wirt, also B wie Bonetti. Professor, beginnen Sie!«

»Es lebe der Zufall!«, protestiert der halbherzig. »Savonarola auf dem Schiff, lief auf ein Riff, vor Hunger fraß er eine Maus – aus!«

»Mehr Ernst!«, wird angemahnt.

»Na gut!« Der Professor seufzt und fährt fort: »Versetzen Sie sich, liebe Gesellschaft dieses höchst amüsanten Abends, ins spätmittelalterliche Ferrara in der zweiten Hälfte des 15. Jahrhunderts. Schließen Sie die Augen. Ein junger Mann, nicht mehr Kind und noch nicht erwachsen, mit gepflegten, schulterlangen, eher dunklen Haaren, an seiner fein gearbeiteten Kleidung erkennbar aus besserem Hause stammend, läuft ziellos durch die Gassen der Stadt. Immer wieder wischt er sich die Haare aus dem Gesicht, die ihm aufgrund seiner grüblerisch nach vorne geneigten Haltung in die Augen fallen und ihm die Sicht nehmen. Irgendwie fehlt ihm alle Souveränität, er wirkt unruhig und gehetzt, in seinen Augen sieht man das Flackern seines umherirrenden Blickes.

Trotz seines behüteten Aufwachsens, der stetigen Bemühungen seines Elternhauses, ihm die besten Voraussetzungen fürs Leben zu schaffen, sind Girolamos Gedanken und Gefühle von tiefer Unruhe und Ungeklärtheit geprägt. Ihn plagen Ängste, irrationale Ängste vor alldem, was vor ihm liegt, vor den Erwartungen, die in ihn gesetzt werden, vor den Entscheidungen, die ihm sein Leben bald abverlangen wird.

Aufgrund seiner streng katholischen Erziehung quälen ihn zudem unbestimmte Ängste vor dem Tod und dem Gottesgericht, aber auch ganz banale Ängste, besonders die vor Frauen und – wie er selbst es sieht – jeder anderen Art von Tieren.

Nichts versucht er mehr zu verbergen als seine panische Angst vor Mäusen. Diese entstand schon im Kleinkindalter, als er seine Eltern über Gerüchte sprechen hörte, Nagetiere wie Ratten und Mäuse könnten für die Verbreitung des ›Schwarzen Todes‹ verantwortlich sein. Bald begann er zu träumen, von schwarzen Schreckensgestalten, die aus riesigen Mündern Mäuse auf ihn erbrachen, unter denen er zu ersticken drohte.

In der Schule sprang der kleine Savonarola begleitet von höhnischem Gelächter seiner Mitschüler umgehend auf einen der umliegenden Tische, sobald das Wort *Maus* nur laut ausgesprochen wurde. Fortan wuchsen in ihm nicht nur immer weitere Ängste – verstärkt noch durch die Angst, dieselben könnten offenkundig werden –, sondern auch sein tiefer Hass auf die Boshaftigkeit seiner Mitmenschen, die er, wo es nur ging, zu meiden begann.

Im Alter von 17 Jahren hielt Girolamo Savonarola plötzlich in seinem einsamen Umhergetriebensein inne, blieb stehen vom Lichtstrahl der Erkenntnis getroffen, wie er der ganzen Tragik seiner furchtsamen Existenz entgehen könne. Er verwarf alle Pläne profaner Studien und beschloss, sich als Student der Theologie dem strengen und von den Menschen zurückgezogenen Leben eines Klosters zu unterwerfen. Er wurde Dominikanermönch.

Bessern tat sich sein Seelenzustand dadurch nicht. Aufgrund seiner unübersehbaren rhetorischen Fähigkeiten erhielt er trotz allem die Berufung zum Bußprediger. Er musste wieder unter Menschen.

Was mit noch scheuen und zurückhaltenden Bußaufforderungen begann, wurde bald zum Kompensationsinstrument seiner eigenen Nöte. Verkleidet mit seiner Mönchskutte, der Unmittelbarkeit des Gegenübers durch die Höhe der Kanzel enthoben, rief er den Menschen zunehmend laut seinen ganzen Frust, seine tiefe Misanthropie und seine apokalyptischen Fantasien entgegen.

Er beschimpfte und beleidigte seine Zuhörer, verleumdete sie und drohte ihnen. Interessanterweise begeisterte er die Gegeißelten mit seinen Verbalinjurien. Er ergoss sein ganzes inneres Gift auf sie und sie knieten vor ihm nieder.

Mit der für ihn erlösenden Kraft seiner Reden wuchs zunehmend seine Überzeugung, sein Selbstvertrauen und seine Wirkung auf Menschen, auch weil er durchaus viele tatsächliche Missstände ansprach, vorneweg die der Kirche und die des alles bestimmenden Geldadels. Doch bald übertrieb er es ein wenig, manche begannen zu murren angesichts seiner unbeugsamen Strenge. Da hatte wieder einmal in seinem Leben eine Maus das Zünglein an der Waage: Just als sich Savonarola aufmachte, eine lang und sorgfältig vorbereitete Rede zur Wiedererstarkung seiner Macht zu halten, begegnete ihm sein Schicksal in Gestalt einer erschreckten winzigen Spitzmaus.

Majestätisch schritt der Angst einflößende Mönch durch das Hauptschiff des Doms von Florenz. Kurioserweise hatte Lorenzo de Medici, il magnifico, den »Henker« seiner Familie höchst selbst nach Florenz berufen.

Die Kirche war zum Bersten gefüllt, doch wie erstarrt wagte keiner sich zu rühren oder gar einen Laut von sich zu geben. Alle waren von dem schwarzen Mönch in den Bann gezogen. Seine bedacht gesetzten Schritte hallten durch das riesige Kirchengewölbe, der unheimlichen Stille einen strengen Rhythmus verleihend.«

Langsam und gleichmäßig klopft Bonetti mit den Fingerknöcheln auf die Theke. Alle Augen sind auf ihn gerichtet. »Tok, Tok, Tok, Tok! Gleichzeitig reckt aus dem Mauerloch unter einem Seitenaltar der Kirche eine Spitzmaus neugierig ihren Kopf aus seiner Behausung.«

Vorsichtig greift Bonetti in seine Jackentasche und lässt Bonita Hinkebein auf die Theke gleiten, die sich eilig auf die Suche nach etwas Essbarem macht. Bonita ist eine eher zu klein geratene Hausmaus, die seit etwa drei Wochen in Bonettis Jacke zur Pflege wohnt. Der Professor fand sie im Amsoa in einer Ecke kauernd, halb verhungert und nicht gehfähig, da ihr linkes Hinterbein gebrochen war. Nach fürsorglicher Pflege blieb nur das schief zusammengewachsene Bein als Andenken, das die Maus leicht hinter sich herzieht, das sie nach zahlreichen Übungseinheiten erfolgreich als Lenkorgan bei abrupten Richtungsänderungen einzusetzen gelernt hat und das natürlich maßgeblich zu ihrer Namensgebung beigetragen hat.

»Die Spitzmaus schält sich nun ganz aus dem Mauerloch und trippelt, leicht pikiert die Nase rümpfend, über die lederne Hügellandschaft von Schuhen aller Art. Als sich erste dieser Hügel schüttelnd in ihre Richtung bewegen, gerät sie in Panik und läuft blindlings los und hüpft und rennt von links nach rechts und wieder zurück und immer weiter. Endlich deutet helleres Licht einen Ausgang aus dem endlosen Wald von Schuhen und Beinen an. Sie läuft darauf zu und als es befreiend hell wird, verliert die Maus die Bodenhaftung. Hilf- und haltlos rutscht sie über den glatten Marmorboden des Hauptschiffs des Doms. Als sie endlich zum Stehen kommt, schreitet eine hochgewachsene, schwarze Gestalt bedrohlich auf sie zu – und hält plötzlich inne. Zwei Augenpaare begegnen sich, die panische Angst widerspiegeln. Während die Maus das Weite sucht, wegen des glatten Bodens dabei aber kaum Raum gewinnt, beginnt der Mönch plötzlich zu tanzen und wirft dabei seine Beine unkontrolliert in die Höhe.

Man möge sich das Szenario genüsslich vor Augen führen: Eben noch schritt der bedrohliche Unheilsverkünder höchst würdevoll durch die gebannte Menge, um jetzt übergangslos in einen beeindruckenden Veitstanz zu wechseln.

Und nun passiert, was geschehen muss: Die Spannung in der Menge löst sich auf, langsam anschwellend beginnen die Leute zu lachen. Es ist unfassbar, Männer, Frauen, sogar Kinder lachen über ihn, den großen Savonarola, der die Medici aus Florenz vertrieben hat, dem Papst getrotzt und der Macht widerstanden, der so grausam bilderreich die Qualen der Hölle aufsteigen lassen konnte. Und warum amüsierte sich die Menge so prachtvoll? Alle sahen es: Savonarola hatte Angst, Angst vor einer erfolglos fliehenden Maus, gewann nur langsam die Fassung wieder angesichts der Situation, um endlich unsicher zum Altar zu schreiten, nicht ohne immer wieder kurze, ängstliche Blicke nach hinten zu werfen, ob sie ihn wohl verfolgte, die Maus.

Ab dem Tag war seine Autorität gebrochen. Sein Scheitern endete – wie alle wissen – im Feuer, das er selbst entfacht hatte.«

Freddy beendet die nun aufbrausenden, nicht endenden Beifallskundgebungen der versammelten Runde und die zunehmende Gesichtsrötung Bonettis, indem sie mit den Händen um Ruhe bittet. »Bravo Professor, bravissimo, Ihre Worte waren wie immer glänzend gewählt! Umso schwieriger für mich, in Ihren allzu großen Fußstapfen vor das verwöhnte Publikum zu treten. Wenn Sie erlauben, schließe ich mich Ihren Ausführungen trotzdem an und erzähle im Kern eine der Ihren sehr ähnliche, und doch andere, ergänzende Geschichte. Da ich nicht möchte, dass ihr alle Informationen nur aus zweiter Hand erhaltet, soll als Erzählerin diejenige auftreten, die der Geschichte sozusagen selbst beiwohnte. Begrüßen wir als Gastrednerin Bonita, Bonita Hinkebein.«

Wie zufällig bewegt sich Bonita in ihrer ungewöhnlichen, leicht hüpfenden Gangart auf die offene Hand Freddys zu, wie zufällig springt sie darauf, wie zufällig findet sie darin zwei kleine Käsewürfel.

Nach Gewähr einer kurzen Fresspause hebt Freddy die

Maus, die sogleich neugierig ihr Publikum betrachtet, auf ihre Schulter. Ausgelöst durch ein kurzes zufälliges Zurückziehen der Schulter, begrüßt die Maus – aus dem Gleichgewicht gebracht – die Runde mit einer etwas ungelenk wirkenden Verbeugung und beginnt, in leicht höherer Tonlage als Freddy, zu erzählen: »Gestatten, Bonita Hinkebein, Hausmaus des Amsoa, verbunden in innigster Freundschaft mit Herrn Professor.

Meine Geschichte beginnt vor knapp einem Jahr hier im Amsoa. Ich war noch sehr jung, nach menschlichen Kategorien etwa ein Teenager. Mein erstes Lebensjahr verbrachte ich hier in diesem Haus. Es erging mir gut. Ich bewohnte recht kommod eines der vielen Mauerlöcher des Amsoa, Essensreste, die ich nur mit zwei weiteren Artgenossen teilen musste, waren leicht aufzutreiben. Außerdem verlor Antonio per Zufall regelmäßig ein Stückchen Käse vor meiner Wohnung.

Trotzdem lockte mich mein Fernweh weg von Amsterdam. Ich sehnte mich danach, einmal die Stadt zu sehen, die bis ins Spätmittelalter Heimat meiner Urahnen war, Ferrara in Italien.

Also lief ich bis zum Meer, fand den Hafen, schmuggelte mich auf ein Schiff, von dem ich hoffte, dass es mich nach Italien bringen würde. Die Überfahrt sollte mich fast das Leben kosten. Unwissend versteckte ich mich in einem Raum, der offensichtlich genug Nahrung bot für zwei Überfahrten und der nach und nach mit weiteren Lebensmitteln gefüllt wurde. Zu spät gewahrte ich, dass ich mich in der Kühlkammer des Schiffs befand, deren Türen stets verschlossen waren. Ich würde nicht verhungern, aber mit Sicherheit erfrieren. Es dauerte nicht lange und ich war völlig verkühlt. Ein schlimmer Husten – Mäuse sind sehr kältesensibel – kündigte sich an. Ich wurde immer schwächer und wäre wohl unter einer der Obstkisten, unter denen ich mich versteckt hielt, gestorben, hätte nicht ein Mäuserich – gerade unterwegs in einem Lüftungsrohr – mein röchelndes Piepsen vernommen.

Er stellte sich vor als Mäuserich González aus Mexiko, gerade auf Weltreise als blinder Passagier. Da ich – schwach wie ich war – nicht mehr laufen konnte, hievte mich González auf seinen von sanften Speckröllchen gefederten, weichen Rücken. Mit letzter Kraft krallte ich mich in sein Fell und er trug mich aus der Gefahr. Als ich nach langer Ohnmacht erwachte, roch ich wie ein ganzer Kräutergarten. Ich lag auf einem kleinen Haufen Stroh, zugedeckt mit einem Stofftuch. Wir befanden uns in einer Lüftungsröhre des Schiffs, wie die Mischung von unzähligen, durcheinandergeratenen Gerüchen vermuten ließ.

González hatte alles Brauchbare aus der Kühlkammer organisiert und mich tagelang mit Pfefferminzblättern und Kamillenblüten eingerieben. Als ich das erfuhr, verliebte ich mich auf der Stelle in den mexikanischen Mäuserich. Wie sich herausstellte, hatte er mich geweckt, weil das Schiff gerade in Neapel festgemacht hatte vor der Weiterfahrt nach Alexandria.

Ich musste González nicht lange überreden. Wir verließen das Schiff gemeinsam. Es begann eine Zeit, die ich nie vergessen werde, die Reise zu zweit durch Italien. Wir reisten auf kleinen Warentransportern, mit Güterzügen, mit Ausflugsschiffen, auf Autoanhängern, einmal sogar in einem Cabrio Richtung Norden, schliefen im Freien, in Wäldern, am Meer. González war unglaublich im Auffinden sicherer Plätze und im Beschaffen leckerer Speisen.

Wir besuchten die ewige Stadt, verbrachten eine Nacht unter der gewaltigen Kuppel des Pantheon, schlenderten im Morgengrauen über die verlassene, riesige Piazza des Petersdoms, gelangten über Geheimgänge in die Engelsburg, frühstückten erste verlorene Brocken am Campo del' Fiori und erkundeten verständlicherweise auch das hadrianische Mausoleum.

Neugierig zogen wir weiter, die via Aurelia entlang, verbrachten eine Woche in einem Strandbad in Viareggio, tagsüber unter Holzblanken schlafend, während wir nachts den klaren Sternenhimmel bestaunten, köstliche Essensreste aus dem Sand klaubten und in der leichten Gischt der auslaufenden Wellen badeten. Es war abenteuerlich und schön, aber auch gefährlich. Wir rutschten um ein Haar von einer der schiefen Ebenen des Turms von Pisa, González wurde auf der Umgehungsmauer von Luca fast von einem Touristenstiefel zerquetscht. Arno aufwärts gelangten wir nach Florenz, bewunderten die unnachahmlichen Kunstwerke da Vincis, Raffaels und Michelangelos. Wir logierten in einem kleinen Wäldchen auf einem Hügel über Florenz mit Blick auf die majestätische Statue des David.

Auf unserer weiteren Reise gerieten wir in besagtem Cabrio zu weit westlich, verließen es wieder und reisten auf einem Brett den träge dahinfließenden Po hinunter in Richtung Adriatisches Meer. Als wir den unverkennbaren Glockenturm der Kathedrale von Ferrara am Horizont entdeckten, lenkten wir unser Floß ans Ufer. Ihr könnt euch vorstellen«, Freddys Blick in die Runde ist wirklich herzzerreißend, »wie traurig wir waren, als es galt, Abschied zu nehmen. Ich wollte nach Ferrara, González' Traum war diese Weltreise. Unter Tränen verabschiedeten wir uns. Wir beteuerten uns ewige Liebe. Er versprach, irgendwann nach Amsterdam zu kommen, um mit mir, wenn ich noch wollte, eine Familie zu gründen.

Auf der Suche nach Spuren meiner Ahnen durchwanderte ich traurig die Straßen und Gassen Ferraras. Um das Folgende verständlicher werden zu lassen, ist es Zeit, einen kleinen, erklärenden Einschub vorzunehmen: Ihr Menschen forscht seit vielen Jahren an uns Mäusen. Angeblich, weil wir euch – Gott behüte – so ähnlich sind. Was euch dabei stets entgangen ist: Wir Mäuse sind sehr religiös veranlagt, die meisten von uns sind hinduistisch geprägt und glauben an die Wiedergeburt. Denkt jetzt ja nicht, was muss Bonita in ihrem Vorleben angestellt haben, um als Maus wiedergeboren worden zu sein. Alle Mäuse wünschen sich sehnlichst, im nächsten Leben wieder Mäuse zu sein, wenn sie nicht gerade in einem eurer Labore gelandet sind.

Was ihr Menschen – manchmal gar psychotisch indiziert – als Déjà-vu abtut, sind für uns regelmäßig auftretende Erinnerungen an frühere Existenzen. Und so geschah es mir, als ich in Ferrara auf einen großen Platz trat und sich vor mir die übergroße Statue Savonarolas auftat. Die weit ausgebreiteten

Arme und der durchdringende Blick des Predigers versetzten mich schlagartig ins Florenz des 15. Jahrhunderts, wo ich im Körper einer Spitzmaus eines meiner früheren Leben verbrachte.

Gerade mal zwei Wochen zuvor hatte ich damals Wohnung bezogen im Dom von Florenz. Es war herrlich! Immer wenn ich mein Versteck verließ, hatte ich einen atemberaubenden Blick auf Brunelleschis Meisterwerk, die monumentale Kuppel des Doms.

Nur nicht an dem Tag, an den ich mich zurückerinnerte. Die Kirche war völlig überfüllt, es müssen Tausende Menschen gewesen sein, die ins Innere geströmt waren. Neugierig wollte ich nur kurz nach dem Grund Ausschau halten, verlor jedoch im Gewirr der unzähligen Beine schnell die Orientierung, die eng stehenden Leiber verdunkelten den Boden. Instinktiv suchte ich Anzeichen von Helligkeit, um mich neu orientieren zu können. Zu hören waren in der kompletten Stille nur Geräusche, wie die eines Spechts, der in Zeitlupe mit seinem Schnabel einen Baum bearbeitet. Wie der Professor vorhin schon trefflich erzählte, geriet ich springend in das lichte Hauptschiff, verlor die Bodenhaftung und bemerkte – langsam zur Ruhe kommend –, dass der Specht ein schwarzer Riese und das Pochen Schritte waren, die zudem direkt auf mich zusteuerten. Schmerzlich erwartete ich jederzeit einen Tritt, der mich in die Peripherie des Doms schleudern würde. Was dann geschah, war fast noch schlimmer. Er versuchte mich offensichtlich durch schmerzhaft hohe Schreie und eine Abfolge wilder Körperbewegungen in die Flucht zu schlagen. Er warf Arme und Beine in die Luft wie zum freien Tanz und schrie, an das Forte eines Kastratensoprans erinnernd. Jetzt bemächtigte sich meiner echte Panik. Ich setzte all meine Energie ein, um möglichst schnell zur rettenden Hauptpforte zu gelangen und musste einsehen, dass bei der gegebenen Bodenbeschaffenheit weniger eher mehr bedeutete. Also strebte ich in gemäßigtem Dauerlauf dem Ausgang entgegen, begleitet von anschwellendem Gelächter und unzähligen Zeigefingern, die abwechselnd zu mir und dem Kuttenträger deuteten, der noch immer Tanzbewegungen vollführte. Nur der drückenden Enge war es gedankt, dass die Menschen nicht vor Lachen umkippten.

Ich schlich mich aus der Kirche und warf noch einen letzten Blick auf die schwarze, hagere Gestalt, deren jetzt wieder würdevoller Gang irgendwie nicht mehr zu der heiter gelösten Stimmung der übrigen Anwesenden passte. Kurzum, ich glaubte fliehen zu müssen. Ich gelangte heraus aus Florenz, durchstreunte Italien, bestieg in einer Stadt namens Genua ein Schiff, das mich durch Zufall nach Amsterdam brachte, wo ich eine neue Linie italienischer Mäuse begründete.

Inmitten meiner Erinnerungen holte mich das laute Geplapper einer Touristengruppe, die sich gefährlich meinem Standort näherte, in die Jetztzeit zurück. Umgehend suchte ich Schutz im steinernen Sockel der Statue. Im ängstlichen Verharren unter Savanorola kam mir die Erkenntnis, dass ich, aus meiner Erinnerung zu schließen, mein eigener Ur-Urenkel war und damit auch mein eigener Ur-Urahn, und dass ich meine Wurzeln in Holland hätte und – zum Ziele der Ahnenforschung oder Mausstammbaumforschung – Selbstgespräche in Amsterdam führen könnte. Also nahm mein Ur-Urenkel den gleichen Weg wie sein Ur-Urahn, versteht ihr?

Vor drei Wochen endete die Parallelität der Ereignisse. Während ich als Spitzmaus ausgehungert, aber unversehrt die Stadt betrat, war mir diesmal das Schicksal, in Gestalt einer verwuschelten, einäugigen Perserkatze, weniger hold. Kaum war ich vorsichtig und unauffällig am äußersten Rand des Ladestegs an Land getippelt, sprang schon dieses übel riechende, gefräßige Monster auf mich zu. Sein Speiseplan war vermutlich spezialisiert auf ankommende, kleine, blinde Passagiere. Mit zwei, drei geschickten Körpertäuschungen konterte ich den Überraschungsangriff zunächst erfolgreich und floh über das Hafengelände, die Perserin hinter mir her. Ich spürte schon ihren narkotisierend stinkenden Atem im Nacken, als ich mit allerletztem Vorsprung einen Kanaldeckel erreichte. Ich flutschte durch eines der kleinen Abflusslöcher und ...«

Anschaulich verschwindet Bonita unter Freddys Kragen,

den diese gerade – zufällig – hochgehoben hatte und unter dem sich – zufällig – noch ein kleines Stück Käse verirrt hat. Von deutlichen Kaugeräuschen begleitet erzählt Freddy weiter: »... ja, und wäre in Sicherheit gewesen, hätte nicht die Katze im finalen Sprung mit der letzten Krallenspitze die Wade meines einzigen noch im Freien befindlichen Beins erwischt. Ich hing kopfüber am Seil meines eigenen Beins. Versuchte die Katze mich hoch- und herauszuziehen, machte ich mich breit und stemmte mein freies Hinterbein gegen den Deckel; versuchte sie tiefer nach unten zu greifen, stieß sie mich gleichzeitig mit. Ihrem Jähzorn sei Dank wurde sie zunehmend ungeduldig, wollte mich jetzt loswerden und schüttelte heftig ihre Pfote, wie ihr Menschen nach dem Händewaschen, und so kam ich unter größten Schmerzen wieder frei.

Es begann die gleichzeitig von Schmerz- und Glücksschreien begleitete, wilde Rutschpartie durch eines der Abflussrohre, das im Abflusskanal abrupt endete. Ich will mich kurzfassen: Ich entkam irgendwie der Kanalisation, schleppte mich gefährlich verletzt und fast ohnmächtig in Richtung meiner ursprünglichen Heimat, delirierte unaufhörlich *Amsoa sehen und sterben*, kam nach zwei Tagen dort an und legte mich in ein Eck, um auf den Tod zu warten.

Anhand meiner dünnen Blutspur, wie er mir später erzählte, fand mich mein Vorredner, der Professor, verband mein Bein mit dem dünnen Streifen eines Papiertaschentuchs, legte vorsichtig einen Bindfaden darum, gab mir zu Fressen und bekämpfte erfolgreich meine Schmerzen, indem er mich ab und an von dem roten Wasser trinken ließ, das ihr Wein nennt. Eine ganze Woche verbrachte ich in der Krankenstation seiner Jackentasche, gebettet auf einen zufällig darin befindlichen Seidenschal, gefüttert von regelmäßig in der Tasche verschwindenden Köstlichkeiten. Seit zwei Wochen lebe ich wieder als freie Maus, sogar die Essensgäste grüßen mich inzwischen freundlich, nutze jedoch die Jackentasche noch immer als Schlaf- und Ruhestatt.

Gerade vorhin hat mich Freddy gebeten, eine spontane Geschichte zu erzählen, setzte mich auf diese Schulter und, bevor Wiederholungen drohen, endet dieselbe nun da, wo sie begann!«

Wildes Klatschen und Beifallsbekundungen in Form von Juhu-Schreien und hochgeworfenen Gegenständen aller Art begleiten das Ende der Geschichte Bonitas, die aufgeregt – inzwischen wieder auf dem festen Boden der Theke – hin und herläuft und in ihrem Bewegungsdrang erst durch die aus luftiger Höhe zurückkehrende Kochmütze Juliettas gebremst wird.

Die »Bravo«-Rufe gehen allmählich in »Antonio-Antonio«-Anfeuerungen über. Dieser beginnt, Wein nachschenkend, seine, die letzte Geschichte. Mit großer Geste seiner freien Hand zeichnet er das Gewölbe des Lokals nach: »Seht es euch an, das Amsoa, das herrliche Amsoa, Ort vieler geschichtlicher Ereignisse, die darin gipfeln, Schauplatz unseres Kennenlernens und der Feste unserer Freundschaft zu sein. Woher aber kommt der Name Amsoa, liebe Freunde? Da ich viel Selbstgewissheit in euren Gesichtern sehe, kennen wahrscheinlich die meisten von euch die Geschichte von den jungen Sozialarbeitern in der Nachkriegszeit. Sie entspricht auch den Tatsachen. Nur hatte das Gebäude diese Bezeichnung schon sehr lange zuvor.

Anfang des 16. Jahrhunderts bildete sich in Amsterdam ein christlicher Geheimbund, der sich Amsoa nannte. Geschichtskundige unter euch werden es wissen. Er wurde gebildet in Gedenken an eine Persönlichkeit, die in unserer Stadt eine Reihe hartnäckiger Anhänger gefunden hat und deren Name aus Geheimhaltungsgründen in ›Amsoa‹ nur durch seinen ersten Konsonanten und zwei seiner Vokale vertreten ist. Amsoa bedeutet: Ad memoriam Savonarolae.

Und das kam so: Wie wir schon hörten, wurde Savonarola von Lorenzo de Medici höchst selbst um 1490 nach Florenz gerufen. Er wollte dem müden, klerikalen Leben der Stadt mit dem hitzigen Mönch ein wenig mehr Leben einhauchen. In den letzten Jahren seiner Zeit in Florenz musste Savonarola jedoch immer wieder aus der Stadt fliehen vor den massiven Anfeindungen seiner Gegner, häufig auch vor den Machtarmen des Papstes, dem er eine ganze Dornenkrone auf dem Haupt war.

Allgemein wird angenommen, er hätte ausschließlich in Norditalien Unterschlupf genommen. Ich sage euch: Bei einer seiner Fluchten kam ihm im ligurischen Imperia die Gefahr einer Verhaftung, und damit seines sicheren Todes, so nahe, dass er wahllos eines der dort anliegenden Schiffe als Versteck wählte. Als die Gefahr gebannt schien, waren die Anker längst gelichtet. Das Schiff fuhr schon in sanfter Fahrt dem offenen Meer entgegen. Anlaufhafen war – ihr ahnt es – Amsterdam. Savonarola verbrachte unter falschem Namen einige Monate unbehelligt in unserer Stadt und fand, obwohl unauffällig agierend, einige Anhänger für seine strenge Glaubenslehre. Nach seiner späteren Hinrichtung bildete sich besagter Geheimbund, der erst unter calvinistischer Toleranz wagte, öffentlich seine Verehrung für den italienischen Mönch kundzutun.

In den 90ern, liebe Gäste, gründete übrigens eine Handyfirma aus Savona eine Dependance in diesem Gebäude. Sie nahm den alten Namen wieder auf. Da sie ihre Produkte in Anspielung auf eine bekannte Konkurrenzfirma Savonarola nannte, passte Amsoa recht gut für die Amsterdamer Filiale. Leider war die Firma bald pleite und damit arm wie eine Kirchenmaus.

Als Maria und ich später das erste Mal dieses Gemäuer betraten, waren wir – wie viele von euch wissen – äußerst unsicher, ob wir unsere Träume wagen sollten. Meist war ich der Bedenkenträger: *Serenissimo omaggio d'amore*, wie ich Maria häufig ansprach, das Risiko ist zu groß, wir schaffen das nicht, während sie erwiderte: Scheitern, wenn es denn sein sollte, sei auch immer die Chance, etwas Neues zu schaffen, Träume seien dazu da, sie auszuprobieren.

Erst als ich über den Namen des Gebäudes nachdachte, war auch endlich ich überzeugt, dass hier unsere Bestimmung wartete. Unsere Initialen und die meiner liebenden Anrede für Maria, *strahlendste Huldigung an die Liebe*, ergaben AMSOA: Antonio, Maria, serenissimo omaggio (de) amore.

Die kulinarische Episode des Amsoa konnte beginnen. Und wenn ihr, liebe Gäste, so weitermacht wie bisher, droht unserem Lokal so bald nicht das Schicksal der Handyfirma, wenn diese Geschichte oder überhaupt eine von den erzählten so wirklich stattgefunden haben sollte. Nur so viel: Je mehr ihr der Fantasie in euren Köpfen vertraut, desto näher kommt ihr der Wirklichkeit.«

Allzu stürmischen Beifall umschifft Antonio geschickt, indem er sein Glas erhebt und mit allen anstößt.

Während sich in letzte Bravo-Rufe schon die ersten Diskussionen um den Wahrheitsgehalt des Erzählten mischen, treffen sich, wie zufällig, an der Bar der Professor und Freddy.

»Welch Vergnügen, Sie endlich mal persönlich kennenzulernen, Freddy, ich habe Sie schon mehrmals im Amsoa gesehen und – Sie verzeihen – beobachtet, habe die Neugier in Ihren Augen bestaunt, die gleichzeitig und unablässig zu lachen scheinen. Schön, dass der Zufall es will, dass wir endlich mal ins Gespräch kommen.«

»Geht mir ähnlich, Professor, doch bevor wir anfangen miteinander zu sprechen, muss ich noch mit ein paar Dingen aufräumen. Zunächst mal mit unserer Anrede. Du kannst mich gerne Freddy nennen, aber mit einem *du* vorneweg. Ich habe von deiner Marotte natürlich gehört, dass du dich seit deinem abrupten Abschied aus der Amsterdamer Gesellschaft von allen und jedem siezen lässt. Ich allerdings werde dich mit *du* ansprechen. Ich mag das *Sie* nicht, außer für Menschen, die es verdient haben. Und das ist im jeweiligen Falle ausdrücklich nicht als Kompliment zu verstehen. Als Antwort auf *Freddy* müsste ich dich eigentlich nach deinem zweiten Vornamen *Maria* nennen, aber der Name ist in diesem Haus schon besetzt. Ich hoffe, es ist in Ordnung, wenn ich Luca sage.

Im Übrigen ist es regelrecht verwirrend, echte Worte aus deinem Mund an mich gerichtet zu hören. Ich dachte schon, es passiert gar nicht mehr. Ich habe deine Blicke natürlich bemerkt und habe auch unzählige auf dir ruhen lassen, wie auch du bemerkt haben wirst. Aber zu einem direkten Kontakt kam es irgendwie nie.

Und da es der Zufall nicht wollte, haben wir – Gabriella und ich – ihm ein bisschen auf die Sprünge geholfen. Zunächst haben wir natürlich die Namenswahl der Redner manipuliert. So gerieten wir zumindest indirekt in einen Wortwechsel. Deine Rede war übrigens unglaublich schön, so voller Fantasie und erzählerischer Eleganz. Du hast alle gerührt.«

»Wenn ich Sie ... dich kurz unterbrechen darf: Zu viel Lob aus deinem Munde. Du hast das Lob viel mehr verdient als ich. Wie du meine Geschichte aufgenommen und das noch mit Bonita als Rednerin auf der Schulter, war ein Meisterstück spontaner Erzählkunst. Mäuse, die an Karma und Samsara glauben, ich könnte mich immer noch totlachen.«

»Irgendwie musste ich den Zeitsprung schaffen. Doch ich muss ehrlich sein. Ganz so spontan war meine Geschichte nicht. Die Begriffe Maus und Savonarola waren von mir und Gabriella ausgedacht und sie hat die beiden dann gezogen. Ich wollte mir einen kleinen Vorsprung verschaffen. Ich habe mir, als meine Tochter noch klein war, unzählige Geschichten von Mäusen ausgedacht. Ohne Erzählung von einem Abenteuer der kleinen Nager konnte sie angeblich nicht einschlafen.

Zuletzt muss ich gestehen, dass ich mich – als du zur Bar gingst – zielgerichtet von der anderen Seite näherte, getragen von der Hoffnung, wir würden – sollte deine Wortknappheit anhalten – wenigstens zusammenstoßen.«

»Verschwörungen aller Orten. Ich mag dich schon jetzt, Freddy. Bist du immer so bestimmt und direkt?«

»Eigentlich nicht, aber bei dir half ja nichts anderes.«

»Und so streng?«

»Nur wenn es sein muss. Und ab jetzt nur noch nette Fragen, sonst fange ich noch an, dich zu siezen.«

»Ich bemühe mich! Bonita mag dich übrigens auch sehr gerne. Sie meinte, wir drei sollten uns öfter treffen.«

»Bonitas Wünschen sollten wir natürlich nachkommen, finde ich.«

Aus der Jackentasche Bonettis ist ein erfreutes Rascheln zu hören. Der Abend endet erst in den Morgenstunden. Freddy und Luca weichen sich nicht mehr von der Seite.

Kapitel 26

HOCHZEIT

EIN UNGEWÖHNLICH ANMUTENDER, offensichtlich wohlgelaunter, hupender Konvoi aus mehreren Motorrädern und Autos nähert sich unaufhaltsam dem Anlegeplatz von Céciles Hausboot. Am Steuer des einen Autos sitzt Freddy, in Kindersitzen hinter ihr zwei wenige Wochen alte Babys. Den Beifahrersitz belegt ein vollbärtiger, wetterzerfurchter und braungebrannter Herr mit einer Schirmmütze, die ihn – wie der Rest seiner Kleidung – als höhergestellten Seemann erkennen lässt.

Bonita hatte in ihm auf einem zurückliegenden Hafenspaziergang mit dem Professor den Kapitän jenes Schiffes wiedererkannt, das sie einige Monate zuvor nach Amsterdam zurückgebracht hatte. Spontan war die Idee entstanden, deren Verwirklichung gerade im Gange ist.

Das andere Auto lenkt Mark, auf den Rücksitzen befinden sich, in ein reges Gespräch vertieft, Pater Paulus und die Nonna aus Marks Lieblingscafé.

Fährt man an dem Konvoi vorbei nach vorne, begegnen einem Motorräder unterschiedlichster Herkunft und Art, unter anderem zwei mit Seitenwägen, aber auch drei alte Mopeds, auf denen sich Donato, Laura und Gabriella angeschlossen haben. Auffallendes Merkmal der Gruppe ist ein gut genährter Pilot eines schlingernden Motorrads, der hauptsächlich damit beschäftigt zu sein scheint, seinen viel zu kleinen Helm auf dem Kopf zu balancieren. An der Spitze fahren zwei Maschinen, deren Fahrer angeblich Kundenbetreuer eines Amsterdamer Kindergeschäfts sind. Unter ihren Helmen sind als Beifahrer schemenhaft Cécile und Raimond zu erkennen.

Je näher man dem Hausboot kommt, desto deutlicher wird, dass dort schon reges Leben herrscht. Eine Gruppe geladener

Gaukler jongliert mit unzähligen Ringen, Herzen und Sträußen, balanciert auf allen nur erdenklichen Bestandteilen des Boots, springt, schwingt, illusioniert. Zwei Trapezpantomimen stellen in langsam drehenden und schwingenden Bewegungen die Geschichte der Welt dar. Die Trapeze hängen an langen Seilen herab, die wiederum abenteuerlich an zwei starken, weit ins Wasser hineinragenden Ästen zweier Uferbäume befestigt sind.

Als der Konvoi sich anschickt, nun zu Fuß, das Hausboot zu betreten, imitieren die Künstler gerade den Schöpfungsakt Michelangelos in der Sixtinischen Kapelle, indem sie durch die Berührung ihrer Zeigefinger eines gestreckten Armes ihre Körper und damit auch die Seilkonstruktion in einem schrägen Gleichgewicht halten. Akustisch begleitet werden die Kunststücke von einer Gruppe italienischer Stehgeiger, die mit rasender Geschwindigkeit ihrer Bögen ungarische Zigeunerstücke zum Besten geben. Vor einer provisorischen Bar lassen Stammgäste des Amsoa die ersten Sektkorken knallen.

An Deck verteilen sich die Gäste, die Gaukler verharren da, wo sie sich gerade befinden, nur die Pantomimen haben zum Zwecke der Entlastung ihrer Zeigefinger den Schöpfungsakt beendet und sitzen noch leicht schwingend auf ihren Trapezen. Als Cécile und Raimond auf den bereitgestellten Stühlen Platz nehmen, verstummen auch die Geigen. Mark und der Professor stellen sich als Trauzeugen neben die beiden, eine Hand auf deren Schultern, im anderen Arm je einen der beiden Zwillinge, der Professor zusätzlich eine alte Ledertasche, die er Raimond gerade noch rechtzeitig abgestreift hat.

Zunächst tritt der Kapitän vor das Brautpaar und vollzieht den formellen Teil der Eheschließung, spricht gleichnishaft in kurzen Worten von ruhiger und stürmischer See, von widrigen und günstigen Strömungen, der Wichtigkeit einer funktionierenden Crew, von Zielen und Häfen und dem Wechsel von Aufbruch und Ankommen. Es folgt ein bejubelter Kuss des Brautpaares, der – wie wir wissen und die Anwesenheit der Zwillinge bezeugt – nicht ihr erster ist.

Im Anschluss erscheint, gestützt auf eine hölzerne Krücke

und den zur Hilfe gebotenen Arm Juliettas, Pater Paulus. Er konnte erst vor Kurzem nach dem plötzlichen Aussetzen des Körperteils, der sein ganzes Leben geprägt hat, namentlich seines Herzens, gerade noch gerettet werden und trat mit letzter Kraftanstrengung gegen den Rat der Ärzte die beschwerliche Reise nach Amsterdam an. Seine Mönchskutte ist ihm noch größer geworden, fast scheint es, als würde sie den Pater herbeitragen und nicht umgekehrt. Mühsam erhebt er seine knochigen Arme zum Gruß, begleitet von einem tief aus seinem Inneren kommenden Lächeln und einem Blick, der die lange Geschichte eines erfüllten, weisen Lebens erzählt.

Was noch keiner der Anwesenden ahnt: Es wird der letzte Tag im Leben des Paters sein. Er wird noch den Feierlichkeiten beiwohnen und so manches schöne Gespräch führen. In den Morgenstunden wird der Tod in seinem Bett auf einen ruhigen, gelassenen alten Mann treffen, der sich von ihm voller Würde auf die letzte, unbekannte Reise begleiten lässt. Im Nachhinein wird es, wohl nicht ganz zu Unrecht, so erscheinen, als hätte er seine letzte Energie und all seinen Willen gebündelt, um mit den Freunden noch diesen Tag begehen zu können, als hätte er den Tod auf die Zeit danach vertröstet.

Es herrscht Stille an Bord, als hätte jemand alle Geräusche abgestellt. Auch die Zeit scheint innezuhalten. Leise beginnt Pater Paulus zu sprechen:

»Der Segen Gottes sei mit euch, meine Lieben. Obwohl ich weiß, dass ihr liturgischen Formeln skeptisch gegenübersteht, möge mir die eine zugestanden gewesen sein.

Ich möchte euch allen zu Anfang erst mal Danke sagen. Danke für all die wundervollen Dinge, die ich mit euch erleben durfte und darf, zunächst mit Einzelnen von euch, mit Mark, Raimond und Cécile, seit gestern mit euch allen.

Und glaubt mir: Ich kenne euch schon länger. Ihr alle wart immer schon dabei, wenn ich Besuch bekam von den Dreien. Eure Freunde hier sind immer mit euch zusammen gereist, sie hatten Geschichten von euch im Gepäck und eure Zuneigung als Begleiter. Ich durfte in vielen Gesprächen von eurer Freundschaft hören und sie erspüren. Ihr wart lebendig. Gestern bei meiner Ankunft war mir, als würde ich lauter alte Bekannte treffen, als würden wir uns schon aus zahlreichen Begegnungen kennen, Professor, Antonio, Julietta, Gabriella, Frederike, Donato, Laura und natürlich ihr beiden Kleinen, Paul und Maria. Danke euch allen für euer Sosein.

Dass ihr alle so geworden seid, wie ich euch sehe und fühle, ist nebenbei nicht selbstverständlich. Einige von euch haben schon früh ein ziemliches Paket aufgeschnürt bekommen.

Ich erinnere mich noch gut – als wäre es gestern gewesen – an den kleinen Mann, der mir in einer Horde anderer kleiner Männer auf Klosterbesuch nur deswegen auffiel, weil er ein so großes Interesse an alten Sprachen zeigte und immer auf Distanz zu den anderen achtete. Seine Berührungsängste gründeten, wie sich später herausstellte, in seiner äußerst unglücklichen Vorgeschichte. Nach dem frühen Tod der Eltern wurde er von einer Erziehungsanstalt in die nächste geschubst. Je mehr er seine Verzweiflung und seinen Schmerz herausschrie, desto selbstverständlicher verwies man ihn von einem Internat in das nächste. Ich bin heut noch ein bisschen stolz darauf, dass ich ihn aus diesem Kreislauf herauspflücken durfte. Er entwickelte sich, wie wir alle wissen, prächtig.

Es sei an dieser Stelle angemerkt, dass ich vor vielen Jahren wohl nicht ins Kloster gegangen wäre, hätte ich geahnt, welch innige Liebe und Freundschaft zwischen Menschen möglich ist. Ich hätte mich ein Leben lang auf die Suche nach ihr gemacht, nach einer Freundschaft, die so ist wie die, die mir die folgenden Jahre mit Mark gegönnt war.

Und über Mark habe ich das Brautpaar kennengelernt, Raimond und Cécile. Keine Angst, ich habe nicht vergessen, dass ihr beiden heute im Mittelpunkt steht. Ich finde allerdings, dass das bisher Gesagte, ebenso die Menschen um euch, eure Freunde, schon sehr viel über euch selbst erzählen.

Als ihr mich zum – nennen wir es Traugespräch – im Kloster besucht habt, erfuhr ich auch viel von euer beider Rucksäcken, euren Wünschen und Hoffnungen, euren Ängsten und Traurigkeiten.

Raimond ließ mich teilhaben an seinem Schmerz über den

frühen, freiwilligen Tod des – in kalter Umgebung – über alles geliebten Vaters.

Cécile erzählte von Gewalt und Schlägen, von Angst und Verzweiflung, von seelischem und körperlichem Missbrauch. Es ist ein kleines Wunder, wie ihr heute hier steht, wie ihr mit all eurem Mut dem Leben eine weitere Chance gegeben habt, Vertrauen und Liebe zugelassen habt, auch wie ihr euren Stolz besiegt habt, um eurer so tief menschlichen Liebe den Weg zu bereiten. Und nun habt ihr begonnen, zwei kleinen Menschen ein Kindsein zu zeigen, das ganz anders aussieht als euer eigenes.

Danke auch, dass ihr mich ausgewählt habt, heute euer geistlicher Begleiter zu sein. Nach all den bewegten und erfüllten Jahren als Priester darf ich nun auf den letzten Schritten meines Schaffens den Höhepunkt erleben. Wenn es am schönsten ist – so sagt man –, soll man abtreten. So ist es mir gegönnt und ich nehme es freudig an.

Raimond, du kannst dich erinnern an eine Bibelstelle aus dem ersten Korintherbrief, die ich vor Monaten auf einem gemeinsamen Spaziergang genannt habe. Das Ende des Kapitels lautet: *Was bleibt, sind Glaube, Liebe und Hoffnung. Die Liebe aber ist die größte unter den dreien.*

Kaum treffender und kürzer hätte man nach meinem Empfinden die Essenz menschlichen Seins zusammenfassen können. Und ihr beide, Cécile und Raimond, verkörpert und lebt diese Begriffe wie kaum jemand und mehr als ihr vielleicht selbst annehmen wollt. Eure kritischen und fragenden Geister sind ständig auf der Suche nach Antworten, Antworten auf Fragen, die oft das Physische überschreiten und sich jenseits unserer unmittelbaren Erfahrungsgrenzen stellen. Tief verwurzelt in euch ist der Glaube an ein übergeordnetes Ganzes, an eine alles zusammenfassende Vollständigkeit, an ein alle Ströme vereinigendes Ziel. Und wenn eure neugierigen Augen auf Wanderschaft gehen, stets auf der Suche nach dem Menschen und seiner Besonderheit, und wenn eure Blicke traurig und trübe werden ob dessen, was sie sehen, dann hilft ihnen dieser Glaube auch ein wenig, Hoffnung in sich zu tragen, dass das noch nicht alles ist, was sie zu sehen bekommen.

Und mit dieser Hoffnung steckt ihr andere an, verschafft der Hoffnung Raum an den Orten, an denen ihr euch befindet. Ich muss nur unseren Professor ansehen, um eure Wirkung und die eurer Freunde zu erkennen. Sogar er, der beim Suchen schon verzweifelte, hat in eurem Kreis die Zuversicht und die Lebenslust wiederentdeckt, auch wenn er selbst das nie zugeben würde.

All das schafft die Liebe, die in euch wohnt und deren Flammen ihr auch in schwersten Momenten nie ganz habt abbrennen lassen. Diese Liebe tragt ihr weiter und sie trägt euch, wenn ihr eure Kraft glaubt verloren zu haben. Auch eure Liebe zueinander, euer Glaube aneinander erwiesen sich als erhaben gegen alle Anfechtungen und Zweifel, die euch auferlegt waren. Ihr habt nicht nur euch, sondern uns allen große Freude damit bereitet. Wenn ich ehrlich bin, habe ich allerdings ernsthafte Zweifel nie gehabt, auch nicht während Raimonds Aufenthalt im Kloster, als er mir erzählte vom Kampf der Liebe gegen die Angst in sich.

Tragt eure Liebe weiter, behütet sie und lasst euch von ihr durchs Leben begleiten, ruft sie, wenn ihr einsam seid, lasst euch von ihr, wenn ihr in Sackgassen geratet, wieder herausführen und zeigt sie euren Kindern.

Und wenn ihr euch irgendwann im Labyrinth des Lebens verlauft, dann nehmt die Hoffnung als Kompass, den Glauben als Berater, und erhaltet euch, dass aller Dinge Ziel die Liebe ist.

Zum Ende – ihr merkt, dass die Kraft meine Stimme verlässt und ich nur noch flüstere – möchte ich mit einem alten, von mir geliebten Bild kommen, den Spuren im Sand. Wenn ihr einst auf euer Leben zurückschauen werdet, werdet ihr jeweilig auf weiten Wegstrecken eure vier Fußspuren nebeneinander entdecken, auf besonders schweren aber nur zwei. Und sollte sich angesichts dessen Enttäuschung in euch ausbreiten, gerade da alleine gelassen worden zu sein, sei euch geraten, genauer hinzusehen. Die zwei Fußspuren, so hoffe ich, glaube ich und wünsche es euch mit aller Liebe, werden tiefer sein, weil durch schwere Zeiten der eine von euch den anderen getragen hat. Nehmt diese Wünsche und meinen Segen aus tiefster Seele entgegen und solltet ihr irgendwann nach mir rufen, werde ich, seid gewiss, bei euch sein. In diesem Geiste: Lasst mich noch einmal die Arme zum Segen erheben.

Und dann, die Geiger sind angesprochen, will das Protokoll Musik und Tanz und ungehemmte Fröhlichkeit. Im Anschluss geht es, so wurde mir gesagt, ins Amsoa und jeder, der möchte, sei auch gern gesehener und geladener Gast der Wirtin und ihres Vaters.«

Kapitel 27

DAS FEST

»**ENTSCHULDIGE BITTE, MEINE** Kleine. Irgendwie sind die Sorge um dich und der scheinbar unabänderliche Beschützerinstinkt des Vaters mit mir durchgegangen. Ein wenig schäme ich mich jetzt der gesprochenen Worte. Deiner Klugheit sei Dank, dass du dich so trefflich zu wehren wusstest gegen den Unsinn, den ich gerade verbreitet habe. Nimm mich in den Arm, Julietta, und verzeih deinem alten Vater.«

»Mach dich nicht älter als du bist, du junger Hüpfer, ich hingegen kann mich gar nicht entsinnen, was es zu verzeihen gäbe.«

An der Bar des Amsoa sitzen Antonio und Julietta jetzt lachend in inniger Umarmung, nachdem sich dem Beobachter zuvor eine heftige Auseinandersetzung und ein typisches Schauspiel italienischen Temperaments dargeboten haben.

Die beiden befinden sich nicht etwa alleine im Lokal. Im Gegenteil: Das Amsoa platzt als Ausrichtungsort der Hochzeitsfeier von Cécile und Raimond aus allen Nähten. Einen solchen Andrang von Gästen konnte niemand vorhersehen. Die Kunde von der Hochzeit und der offenen Einladung hatte sich schnell herumgesprochen und auch eine Vielzahl von Gelegenheitsgästen des Amsoa angelockt.

Antonios Entschuldigung war ein Streitgespräch mit Julietta vorausgegangen, entfacht durch deren einfaches Schulterzucken als Antwort auf seine Frage, wann es denn bei ihr und Mark endlich so weit sei. Antonio murrte etwas von Rücksicht auf ihren schließlich italienisch erzogenen Vater und von schlampiger Beziehung. Worauf Julietta zornig erwiderte, dass, wer im Glashaus sitze, nicht mit Steinen werfen solle, und längst alle von seiner Beziehung zu Gabriella wüssten und nur er alleine glaube, es noch verheimlichen zu können.

Dann fragte sie ihn, was er wohl von ihrer kombinatorischen Intelligenz halte. Ihre beider Verliebtheit sehe sogar ein Blinder und er solle endlich dazu stehen, Gefühle für eine andere Frau als Maria zu haben.

Sie erzählte ihm, wie sehr sie sich bei Bonettis Geburtstag einst gefreut hatte, als sie sah, dass er ihre Mutter – über das gemeinsame Ritual hinaus – nach so langer Zeit endlich wieder zugelassen hatte. Sie hatte gehofft, Maria werde ihm jetzt sagen können, dass sie ihn liebe und sich gerade deswegen nichts sehnlicher wünsche, als dass es ihm gut gehe – und dazu gehöre irgendwann eine neue Frau, eine neue Liebe –, und dass sie damit völlig einverstanden sei und nicht enttäuscht, oder gar eifersüchtig. Zudem habe sie gehofft, Maria würde ihm sagen, dass es seiner Tochter genauso gehe und dass sie das anzusprechen nur nicht die richtigen Worte fände.

Leicht errötet und längst versöhnt murmelte Antonio nur noch, zu verheimlichen hätte er es nur versucht in Rücksicht auf sie, seine Tochter. Und was Gabriella und er mit Mark und ihr zu tun hätten.

»Alles und nichts«, wurde Julietta daraufhin lauter, »weil ich erst loslassen kann, wenn du das auch tust, denk mal darüber nach! Und weil jeder – begleitet vom jeweils anderen – seinen Weg gehen muss, du den deinen und ich den meinen!«

Nach kurzem Hin und Her folgten die schon beschriebenen Worte Antonios. Im Moment folgen die beiden dem reichlich chaotischen Treiben der Gesellschaft. Für das Chaos hatten Antonio, der Professor, Mark und Julietta gesorgt, indem sie bei der Vorbereitung der Hochzeit ihre Geistesverwandtschaft durch sehr ähnliche Ideen bewiesen, sich bei der Realisierung aber – der Überraschung wegen – nicht miteinander abgesprochen hatten.

So hatte Mark für besondere Einlagen die bereits gesehene Gauklergruppe eingeladen, eine Sinti- und Roma-Großfamilie, die mit dem Kirmeskalender herumzog, zurzeit auf dem Campingplatz Marks logierte und deren Mitglieder häufige, gern gesehene Gäste in Marks Haus waren.

Der Professor hatte ein ihm aus seinem früheren Leben bekanntes Sänger-Duo gebeten, ihre Kunst darzubieten. Aus zurückliegendem Anlass war geplant, verschiedene Auszüge aus *Orpheus und Eurydike* zu intonieren.

Antonio hatte extra ein toskanisches Geigerquartett einreisen lassen, bei dessen Ankunft sich herausstellte, dass sie ausschließlich ungarische Stücke im Repertoire führten.

Julietta hingegen hatte an der Ecke von Prinsen- und Elandsgracht – eine Art Wallfahrtsstätte der Amsterdamer Levensliedtradition –, einen Urenkel des noch heute verehrten, legendären Sängers Willy Alberti kennengelernt, namentlich Nurelek Alberti. Spontan lud sie ihn und seine Band, die die alte Tradition dieser Musik weitertrug, zur Hochzeit ein.

Da es nun keine verbindlichen Anweisungen gab, wer zu welchem Zeitpunkt des Festes etwas zu Aufführung bringen sollte, kam es zu durchaus amüsanten Überschneidungen: Während die italienischen Stehgeiger gerade anfingen, zu Ehren des Brautpaares ein ungarisches Hochzeitslied darzubieten, begann zeitgleich der vom Professor engagierte Countertenor aus voller Seele die Furien zu betören, doch bitte Eurydike aus der Unterwelt freizugeben. Um von der Disharmonie der Klangdarbietungen abzulenken, fing die Gauklertruppe ihrerseits an, aberwitzige Jongliermanöver zu präsentieren. Einem Jongleur entkam dabei in der Aufregung eine seiner Keulen, die sich schicksalhaft an den Hinterkopf des ersten Geigers verirrte. Während dieser wie in Zeitlupe zu Boden sank, verstummten abrupt auch die anderen Geigen. Diesem Umstand verdankte der Tenor die Erkenntnis, sich schon zu weit von den vorgesehenen Tonlagen entfernt zu haben, um fortfahren zu können. Auch er hielt inne. Gleichzeitig verstummten sämtliche Gespräche und alle Anwesenden starrten wie hypnotisiert auf die Bühne.

Antonio durchbrach schließlich die allgemeine Lähmung, indem er mit der bisher unbeschäftigten Band ein allseits bekanntes Volkslied intonierte, in das ohne Zögern die gesamte Gesellschaft mit einstimmte.

Gerade als die Band sich fertig machte für die musikalische Aufforderung zum Brautwalzer und dessen Begleitung, verhedderte sich ein, in unbegreifbarer Aneinanderreihung Salti schlagender, Gaukler im Kabelgewirr der Verstärker, setzte die frei gewordene kinetische Energie – in nun deutlich reduzierter Körperbeherrschung – in Bewegung um, landete mitten im Musikerensemble und fand erst Halt, als er mit dem rechten Arm das Fell der Basstrommel durchbrochen hatte und nun darin feststeckte.

In die allgemeine Aufregung hinein begann gerade eben der Professor leise die Melodie des Schneewalzers zu pfeifen, Julietta und Mark stimmten als erste mit ein, andere kamen hinzu, wieder andere begannen – sich des Textes besinnend – mitzusingen, und steckten damit weitere an. Bald sang die ganze Feierrunde lautstark, dabei erstaunlich wenig Kakophonie verbreitend, den berühmten Walzer Koschats.

Im Moment bittet gerade der Bräutigam mit ausgestreckten Armen die Braut um den Tanz. Etwas unbeholfen, durchaus die Integrität des gegenüber befindlichen Fußpaares gefährdend, beginnen die beiden ihre Tanzbewegungen, die entfernt denen eines Walzers ähneln. Erleichtert stellen sie etwas später fest, dass die vier verbliebenen Geiger die musikalische Führung übernommen haben und die restlichen Gäste auch zu tanzen begonnen haben. So nehmen die Dinge bei ausgelassener Stimmung ihren Lauf.

Wollte man weitere Details des Festes wissen, müsste man herumgehen und könnte, wo es einem beliebt, dem einen oder anderen Moment beiwohnen, oder – wie man so schön sagt – *Mäuschen spielen.*

Man könnte zuhören, wie die Interpretin der Eurydike, vom Opernfach selbst enthoben und von der Band begleitet, Janis-Joplin-Interpretationen zum Besten gibt. Die Rolle des Bassisten hat dabei, durchaus virtuos aufspielend, einer der Stehgeiger übernommen. Den Rhythmus gibt der Schlagzeuger, seines eigentlichen Instruments beraubt, auf zwei umgedrehten Kartons.

Zur gleichen Zeit könnte man sich an einen der Tische begeben und einem Gespräch lauschen, das hier unter der Federführung von Freddy und Bonetti geführt wird über das

Falsche und dessen Verifizierung. Gerade wäre der Professor zu hören, der laut vernehmlich schimpft: »Was treibt eigentlich den Menschen in den Irrglauben, die Aneinanderreihung der immer gleichen Erkenntnisse führte zu einer Erkenntnis, die noch größer ist als die zuvor gemachten? Warum glaubt der Mensch, etwas als falsch Erkanntes könne sich in etwas Besseres verkehren, indem man die Falschheit immer wieder aufs Neue verifiziert? *Sola scientia malum esse in bonum minime vertet* wird einst auf dem Grabstein der Menschheit zu lesen sein, wenn der letzte Krieg geführt, die letzte Schlacht geschlagen ist – trotz des Wissens aus tausend Jahre alter Erfahrung, dass Krieg nie etwas wirklich Gutes hervorgebracht hat.«

»Und doch, Luca, lassen sich die Menschen immer wieder aufs Neue davon überzeugen, der folgende Krieg sei sinnvoller, wichtiger und unausweichlicher als alle anderen davor. Und dann …«

Die beiden würden sich sicher noch eine Weile über dieses, für Hochzeitsfeierlichkeiten doch eher ungeeignete Thema aussprechen, würde sich nicht gerade Bonita Hinkebein, vom Gespräch offensichtlich gelangweilt, langsam Schritt für Schritt, Pfote für Pfote dem beigelegten Keks auf Feddys Espressoteller nähern.

Innerhalb kürzester Zeit hat sich eine Schar anwesender Kinder um den Tisch geschart, um dem unauffälligen Annäherungsversuch der Maus beizuwohnen.

Als Freddy die freche Bonita zur Rede stellt und sie dabei mit dem Keks füttert, beginnt ein Chor piepsiger Stimmen nach einer neuen Mäusegeschichte zu schreien. Solchermaßen überrumpelt, erzählt Bonita eine neue Reiseepisode der Maus, die, seitdem sich Freddy auf die Erzählungen eingelassen hat, bestimmt schon ein dutzend Mal die Welt umsegelt hat. Diesmal bereist das nagende Kleintier verschiedene Länder Afrikas, um nach einer Liaison mit einer schwarzen Maus schließlich die dunkelgraue Epoche der Familienhistorie einzuläuten.

Nach dieser Vorführung wäre es Zeit, ein paar Schritte zu

gehen. Man käme an der geöffneten Küchentür vorbei, durch die freundlich Donato und Laura winken, die als Hochzeitsgeschenk für die Dauer des Festes das Kochen übernommen haben. Gerade würden einem auch Julietta und Gabriella ein Lächeln schenken, die zu Vorbereitung der einzelnen Gänge den beiden – soweit möglich – zur Hand gehen.

Ganz in der Nähe der Küche wäre ein Tisch zu sehen, um den sich zwei Ordner aus der Stopera, einer aus dem Rijksmuseum, zwei Studienfreunde von Mark und der Wirt einer Amsterdamer Tapas-Bar namens Jorge gruppieren. Sie bezeichnen sich selbst als Erste-Hilfe-Tisch und bringen regelmäßig Trinksprüche aus, die auf ihren unverzichtbaren Beitrag am Zustandekommen des heutigen Festes anspielen.

Auch von hier aus könnte man beobachten, wie Bonetti und Antonio auf der Bühne, in der Regel erfolglos, versuchen, mit drei Orangen die Jonglierkünste zu präsentieren, die sie sich im Laufe des Tages von der Gauklertruppe haben zeigen lassen.

Zwei Proseccogläser, drei Rotweinschwenker und ein Vorspeisenteller, allesamt zerbrochen, Wachsspritzer von einer umgefallenen Kerze und ein Blumenbouquet mit Orange erzählen die destruktive Geschichte der Streuung ihrer Versuche. Der verbesserungsfähige Jonglierakt wäre allen erspart geblieben, hätten nicht kurz zuvor die maussüchtigen Kinder das Gespräch zwischen Bonetti und Freddy unterbrochen. Darauf machte sich nämlich – umtriebig, wie er heute war – der Professor auf die Suche nach weiteren Abenteuern.

Hätte er darauf verzichtet, hätten die anderen nicht bis nach dem Essen darauf warten müssen, die Talente Antonios als Opernsänger kennenzulernen. Vorausgesetzt man misst nicht mit allerhöchsten Maßstäben, kann man da gerade beim Weinausschenken, vom selben offensichtlich gelockert, den Wirt hören, wie er erstaunlich text- und tonsicher den Komtur im Speisezimmer des Don Giovanni vernehmen lässt. Ebenfalls erstaunlich spontan treten Orpheus und Eurydike dem Gesang bei, beide zunächst als Don Giovanni, beide nicht gänzlich in der richtigen Tonlage. Mit Gesten verteilen sie nun die Rollen, den Leporello singt Eurydike.

Wenn man wollte, könnte man sich zudem die restlichen Musiker vorstellen als symphonisches Orchester den Gesang begleitend. Aber so ist es nicht! Auch sie können nur staunen, wie die Drei es alleine schaffen, das ganze Amsoa in Opernstimmung zu versetzen sowie selbst der zutiefst tragischen Sterbeszene Don Giovannis eine komische Seite abzugewinnen.

Der Höhepunkt ist erreicht, als Don Orpheus dem Tod geweiht, von der vorbeihuschenden Bonita wohl erschreckt, stürzt, nicht in die Hölle zwar, aber doch zwischen zwei Stuhlreihen auf den Fußboden. Die hallenden Wehklagen des Helden werden unter Beteiligung der Zuschauer zu einer einzigen La-Ola-Welle.

Später wären noch weitere Gespräche zu belauschen, wie jenes, in dem Mark, in Anlehnung an einen vor längerer Zeit geführten Dialog mit Cécile in ihrem gemeinsamen Arbeitszimmer, der Frage nachgeht, was passieren würde, wenn alle Menschen an einem einzigen Tag dazu aufgefordert wären, nichts weiter zu tun, als zu denken.

An einem Tisch, nicht weit entfernt, sind wenig später im Gespräch Raimond, Antonio und Julietta zu vernehmen, beschäftigt mit einem heiklen Thema. Sie gehen der Frage nach, ob Menschen, die man liebt, einen nach deren Tod wirklich weiter begleiten und beobachten. Und wenn ja, ob sie wirklich alles sehen und wahrnehmen. Alle drei gestehen sich ein, schon einmal daran gedacht zu haben, was wäre, wenn in gewissen, eher als peinlich empfundenen Momenten, jemand von oben zusehen würde, die Mutter, der Vater. Gegenseitig schaukeln sie sich hoch:

»Beim Nasebohren.«

»Oder beim Rülpsen und Furzen.«

»Überhaupt auf der Toilette.«

»Stellt euch vor: Die ganzen Gesichtsverrenkungen bei Blähdarm.«

»Oder noch schlimmer: Verstopfung.«

»Wenn das Papier seine zugedachte Rolle erfüllt.«

»Eine Art Ausputzerrolle.«

»Welche Rolle spielt hier eigentlich das Niveau?«

»Jeder muss sich mal unterordnen.«

»Ich bitte um Entfäkalisierung des Themas!«

»Rein fäkal betrachtet stimme ich zu!«

»Keine Stellungnahme.«

»Apropos Stellung: dabei wollte ich auch nicht beobachtet werden.«

»Stellt euch vor: beim …«

»Stellungswechsel!«

»Wortwechsel!«

»In Ordnung, ich imaginiere beim Auto-Sex!«

»Kommt auf das Modell an.«

»Ich denke, er spielt eher auf Onan an, der – wie in der Bibel zu lesen – gleich seinem Samen zu Boden fiel und verstarb.«

»Du meinst Masturbation.«

»So ähnlich.«

Parallel zum Niveau des beigewohnten Gesprächs senkt sich auch das Fest langsam seinem Ende entgegen. Als letzter Höhepunkt begleitet Bonetti Bob-Dylan-Songs auf einer konfiszierten Mundharmonika. Alle stehen noch einmal Arm in Arm im Kreis, singen und tanzen zu den Klängen des Professors.

Dann breitet das Fest ein letztes Mal seine Flügel aus, lässt noch einmal alle schweben und begibt sich sanft zum Landeanflug. Zunehmend erfüllt Stille das Geschehen.

Das Amsoa leert sich, nur im Garten hinter dem Lokal hört man noch gelegentliches Flüstern. Nicht wenige hatten sich Schlafsäcke und Decken zur Feier mitgebracht, um den verschwindenden Rest der lauen Sommernacht im Freien zu verbringen. Fast alle schlafen nun.

Nur die Fantasie sieht man noch auf Zehenspitzen herumwandern auf der Spur noch Wachgebliebener. Denen will sie Verführerin sein und Begleiterin auf deren Reise durch den Strom ihrer Gedanken.

Kapitel 28

MARIA …

»HÖRT MAL, DIE Frage, die wir vorher in kleiner Runde eher humorvoll behandelt haben, beschäftigt mich wirklich. Sind die Toten, und zwar die, von denen wir es ja eigentlich wünschen, wirklich ständig um uns und nehmen alles wahr?«

Cécile blickt mit weiten, leicht verträumten Augen in den klaren Sternenhimmel der Nacht über Amsterdam. Während aus naher Ferne mehr oder weniger lautstark regelmäßige Atemgeräusche den tiefen Schlaf weiterer Festgäste verkünden, liegt Cécile leicht abseits auf dem Rücken im Gras des Amsoa-Grundstücks.

Nach einer rauschenden Hochzeitsfeier haben die Wirtin und ihr Vater eine kleine Runde eingeladen, an einem bekanntlich zwischen ihnen üblichen Ritual teilzunehmen. So liegen nah zueinander neben Cécile mit Blick in die funkelnde Nacht: Raimond, Antonio, Gabriella, Julietta und Mark, Luca und Freddy.

Nicht weit entfernt, wenn man genau hinsieht, kann man auch zwei Mäuse im Gras liegen sehen, eine davon ist Bonita. Der Mäuserich neben ihr wird von ihr liebevoll González gerufen.

Aus den Schlafsäcken, in die alle zur Abwehr der aufziehenden Kühle geschlüpft sind, schauen nur acht Köpfe hervor, dazu doppelt so viele Arme und ebenso Hände, die auf der Suche nach einer freien, benachbarten Hand längst fündig geworden sind.

Cécile fährt leise fort: »Ich muss erst etwas ausholen: Ich war sofort fasziniert damals, als ich von den kleinen Gesprächen hörte, die Julietta und Antonio mit der durchs All reisenden Maria führten. Fasziniert war ich zunächst von deiner Vorstellungskraft, Antonio, der du deiner kleinen Tochter ein wenig von dem Schmerz wegfantasiert hast, den der Verlust ihrer Mutter ausgelöst hatte. Und dann stellte sich mir irgendwann die Frage: Musste überhaupt etwas wegfantasiert werden, war der Verlust für dich, Julietta, überhaupt real, oder war für dich die Anwesenheit deiner Mutter Realität, wenn ihr gewinkt habt, mit ihr Gespräche geführt, mit ihr gebetet habt?«

»Für mich war meine Mutter tatsächlich anwesend in diesen Momenten, Cécile. Ich fühlte sie um mich und das war tröstlich. Mit den Jahren veränderten sich die Vorstellungen, wurden weniger dinglich, wurden abstrakter, aber bis heute empfinde ich sie als wirklich ganz nahe bei mir, spüre ihre Stimme, die aus meinem Inneren spricht, und die tiefe Verbundenheit, die uns umschließt.«

»Mir ging es ganz ähnlich, Julietta.« Und nach einer kleinen Pause ergänzt Antonio: »Der Weg bis dorthin allerdings war für mich etwas komplizierter. Anfangs konnte ich Maria vor Schmerz nicht zulassen. Als sich dieser Zustand langsam zu bessern begann, kam Gabriella in mein Leben und damit wieder die Liebe, die ich nie mehr neu erleben wollte. Nun befürchtete ich, Maria würde sicher enttäuscht sein, wenn sie mich mit Gabriella sähe, ebenso Gabriella, wenn sie erführe, wie tief ich Maria noch in mir trage. Viele Gespräche waren notwendig, um diese Furcht zu verlieren. Vielleicht haben erst deine Worte gestern zu meiner endgültigen Genesung beigetragen, Julietta.«

Etwas, das so ähnlich wie: Puh geschafft! klingt, entweicht den Mündern zweier weiblicher Sternenbeobachterinnen.

»Mir hingegen stellte sich bald die Frage«, fährt Cécile fort, »ob es vielleicht eine realisierende Kraft der Fantasie geben könnte, die Möglichkeit, die Realität umzudrehen oder gar die dingliche Welt zu beeinflussen durch die pure Kraft unserer Vorstellung?«

»Wahrlich eine faszinierende Vorstellung!«, flüstert Mark. »Das Erleben der Welt wäre abhängig von unseren Gedanken, unseren Augen und der Fantasie, mit denen wir sie betrachten. Der Geist wäre der dinglichen Welt überlegen und enthoben. Und mit jedem Schritt dieser Erkenntnis würde ein Stück abfallen von all der Indoktrination, die sich in der Zeit wie eine undurchdringliche, zähe Kruste um uns gebildet hat und als tote Hülle umschließt. Vielleicht würden wir zunehmend erkennen, was wir alles an Ballast abwerfen können, all das, was uns ein Leben lang eingeredet wird und unseren Rucksack immer schwerer erscheinen lässt:

»Sei dies, sei das, tu dies und tu jenes, sei du und sei auch er und sie.«

»So hast du auszusehen und so hast du schön zu sein.«

Freddy ist zu hören:

»Sei anpassungsfähig und loyal in deiner Einzigartigkeit, sei du und sei auch wie ich, vor allem sei wie alle anderen: ein Individuum.«

Raimond:

»So sollen deine Wünsche und Bedürfnisse aussehen, so hast du dir das vorzustellen. Werde so, so wirst du was, und bist du was, so bist du Du.«

Professor:

»Suche dir ruhig ein paar Träume aus von unserer Liste. Und dann kaufe dies, das brauchst du, und kauf das, das kannst du gebrauchen, und kauf jenes, das ist zurzeit Mode.«

Antonio:

»Und so sei der unsere dein Wille und so sei dein Glaube in uns und dein Vertrauen auf uns in alle Ewigkeit.«

Gabriella:

»So sei es.«

Freddy:

»Halt dich an die Gebote, Normen und Regeln, die wir gemacht haben für dich. Mach dir keine Gedanken, es ist längst alles durchdacht. Besinne dich und denke immer daran, was wir dir gesagt haben.«

Professor:

»Und wenn du zu denken gelernt hast durch uns, übertreibe es nicht damit. Aller Übel Anfang ist der Überfluss. Zu schwere Gedanken belasten nur, bei zu viel Tiefgang droht Havarie.«

Cécile:

»Denk lieber nach, als zu früh. Einfälle sind nicht immer glänzend, oft bedenklich schon. Halte dich an das, was uns Recht ist.«

Gabriella:

»Amen.«

»Und jetzt stellt euch vor: Unser Geist wäre tatsächlich in der Lage, all das abzuschütteln, all diese Scheinwahrheiten, diese schmucklosen Spruchgirlanden, all die zu Lehrsätzen erhobenen Halbweisheiten, all die brüchigen Welterklärungen, dieses stupide Immerweiterfort des schon Gewesenen.«

Mark: »Unsere Gedanken rissen den Zaun ein, der sie lange genug eingesperrt hielt, und zwar Brett für Brett. Auf jedem dieser Bretter stünde ein Begriff geschrieben. Auf einem könnte man lesen: *Unfreiheit*, auf dem nächsten: *Manipulation*, auf den wieder nächsten: *Angst und Gier, Neid und Hass*, und so folgte mit jedem ausgerissenen Zaunstück ein Begriff dem anderen.«

»Genau, und so würde mit jedem entfernten Brett der Weg breiter für unseren Geist, der mehr Raum braucht als wir zu glauben stets bereit waren«, ergänzt Cécile, »dementsprechend müssten sehr viele Bretter entfernt werden, bis endlich der Weg frei ist für ihn, unseren Verstand und unsere Gedanken, unsere Utopien, Träume und Wünsche, für all die Kreativität und Fantasie, die in uns schlummert, all die Vorstellungen und Bilder, die alle erst gemalt werden wollen, für unsere Liebe, die gezeigt werden will, unsere Gefühle, Gerüche, Geräusche, Geschmäcker, für das Ahnen und Erkennen so sehr wie für die Intuition und das reine Empfinden, für jedes Einzelne von ihnen wie für alle zusammen, vereinigt in ihm, unserem Geist!«

Julietta unterbricht behutsam: »Entschuldigt, aber schaut mal alle hin: Zugegeben weit entfernt, doch eindeutig: Mama ist gerade unterwegs. Begrüßen wir sie, sie freut sich sicher, uns so zusammen zu sehen.«

Tatsächlich kann man ihr Motorrad entdecken. Die Entfernung scheint so groß, als sei sie zur Milchstraße unterwegs oder habe gar vor, ein benachbartes Universum zu entdecken.

Das Gespräch bricht ab. Nur wer genau hinhört, kann gelegentliches, fast stummes Geflüster in der Stille vernehmen.

»So fern und doch so nah bei mir, Mama, ich liebe dich.«

»Ich weiß, dass du Antonio das alles hier von tiefstem Herzen gönnst, und vielleicht ja auch ein bisschen mir. Du weißt ja, Liebe ist nicht zu vergleichen. Gute Reise, Maria.«

»Tief in mir, geliebte Maria!«

»Hallo Maria, ich hoffe, du kannst dich mit Céciles Wahl anfreunden. Ihr habe ich keine gelassen. Schön zu wissen, dass du bei uns warst heute.«

»Bei all der Liebe, die ihnen entgegengebracht wird, kommt mir schmerzlich zu Bewusstsein, sie nie kennengelernt zu haben. Vielleicht ergibt sich ja irgendwann die Gelegenheit. Grüßen Sie mir die himmlischen Mächte.«

»Genieße deinen Aufenthalt, Maria. Ich sage auch *du*, wie fast alle – ich hoffe, das ist in Ordnung.«

»Ganz bald traue ich mich, versprochen. Gute Nacht, Schwiegermama.«

Irgendwann entschwindet das Motorrad wieder, mit ihm Maria und die Gespräche mit ihr. Auch zwei eng umschlungene Mäuse senken ihre jeweils freien Arme, mit denen sie in den Himmel gewinkt haben.

Bonetti zaubert aus seiner Jackentasche eine Flasche Rotwein, die zufällig schon entkorkt ist, trinkt und reicht sie in die Runde. »Ein letztes Sandmännchen! Trinken wir auf Maria!«

»Nochmals zu deiner Anfangsfrage, um diese nicht in Vergessenheit geraten zu lassen, Cécile«, ergreift zuletzt Mark das Wort. »Beim Zuhören fiel mir auf, dass Julietta von *solchen Situationen* sprach, in denen sie die Nähe ihrer Mutter spüre, und du, Cécile, von *eigentlich auch wünschen*, um mit dem *eigentlich* dein Unwohlsein auszudrücken, das die Vorstellung einer Omnipräsenz dieser Nähe auslöst.

Mein Gedanke war: Vielleicht können wir ja dieses Auftreten *solcher Situationen der Nähe* durch unser Wünschen beeinflussen, vielleicht tritt diese Nähe nur dann ein, wenn unser Wunsch danach stark genug ist.«

Langsam nimmt sich über diesen Gedanken mehrheitlich der Schlaf sein kurzes, wohlverdientes Recht. Nur Julietta und Antonio sind noch in die Morgendämmerung hinein wach geblieben.

»Siehst du das auch, Papa?«

»Ja, meine Kleine. Zwei Flugzeugspuren, die direkt aufeinander zuführen, und da, wo sie sich kreuzen, enden sie auch. Vermutlich ein Lichtphänomen.«

»Phänomenale Erklärung, du Lichtgestalt meines Lebens! Nein, ich glaube, sie haben angehalten.«

»Die Flugzeuge?«

»Papa! Zwei Motorräder. Du kannst dich wohl noch nicht von der realen Welt des gestrigen Tages trennen? Die beiden Fahrer haben angehalten.«

»Und führen so – von Seele zu Seele – tiefgeistige Gespräche?«

»Vermutlich. Und hör endlich das Grinsen auf!«

»Und jetzt gerade unterhalten sie sich, mit Blick auf uns, darüber, welches unselige Zeug man sich dachte und aussprach, als man noch ein Mensch war.«

»Zumindest der eine von beiden, werden sie denken, und zwar stelle ich mir vor: Maria und ein weiterer Reisender, der unterwegs ist. Komm, lass dich darauf ein, Papa. Die beiden könnten sich irgendwo da draußen getroffen haben und unterhalten.«

»Der Stoff würde für die Ewigkeit reichen!«

»Wie witzig! Übrigens höre ich gerade, wie sich Mama – nicht ohne Stolz – mit der rhetorischen Frage des Reisenden auseinandersetzt, wie aus eurer Verbindung ein so kluges und schönes Kind hervorgehen konnte!«

»Na dann gute Unterhaltung! Gute Nacht, mein Rabenkind!«

»Buona notte, Papa!«

»Buona notte, bellissima!«

Als auch Julietta langsam einschlummert, liegen zwei entspannte Männerhäupter auf ihren ausgebreiteten Armen, deren gleichmäßiger Atem tiefen Schlaf erahnen lässt.

Kapitel 29

... UND PATER PAULUS

IRGENDWO IN DEN unendlichen Weiten des Alls begegnen sich zwei Motorräder, halten an, die Fahrer nehmen ihre Helme ab und begrüßen einander.

»Wenn ich Ihre Mimik richtig lese, wohnen Sie mit der gleichen Freude wie ich demselben Szenario bei. Darf ich mich vorstellen: Pater Paulus mein Name. Zumindest bis vor Kurzem nannte man mich so.«

»Sehr erfreut, Pater. Maria war mein Name, bevor ich mich von der dinglichen Welt verabschiedete und seitdem ich nur noch in der Fantasie und der Erinnerung anderer in alter Form auftrete wie gerade.«

»Maria? Dann müssen Sie die große Liebe des großherzigsten Menschen sein, den ich kennenlernen durfte. Sie müssen die Frau Antonios sein und natürlich die Mutter Juliettas!«

»Richtig! Sie, Pater, kenne ich ja schon von der Hochzeit, bei der ich – da es ausdrücklich gewünscht wurde – zugegen war. Was für ein schönes Fest. Gratuliere zu den wärmenden Worten Ihrer Predigt. Sie haben unser aller Seelen berührt. Sogar hier oben war Bewegung zu spüren.«

»Danke, Maria, eigentlich müsste ich erröten vor Stolz.«

»Das könnten Sie auch, wenn Sie es wollten. Hier können Sie alles, was Sie wollen. Wir befinden uns im Paradies, Pater – Sie werden sich schnell daran gewöhnen –, und zwar im richtigen, diesmal ohne Apfelbaum. Hier gibt es nur das Gute. Und alles, was Sie empfinden und wollen, ist es damit auch.«

»Verliert das Gute und Schöne nicht seine Besonderheit, wenn wir ihr Gegenteil, das Böse und das Hässliche, gar nicht kennen?«

»Wir kennen es doch, wir haben es ja erlebt, und wir könnten uns auch jetzt nicht darüber austauschen, wenn wir es nicht kennen würden. Wir kennen es also durchaus, aber es besitzt keine Macht. Es ist übrigens ein weitverbreiteter Irrglaube – von Generation zu Generation tradiert – alles Gute könne nur im Widerschein seines Gegenteils empfunden werden. Sie hatten es vorhin angefragt, Pater. Müssen wir die Empfindung des Hasses kennen, der Ablehnung und der Intoleranz, um die Liebe und ihre Kraft zu spüren? Macht erst Krieg empfindsam für die Bedeutung des Friedens? Viele Menschen sagen, ohne Lüge gäbe es die Wahrheit nicht, ohne Geiz keine Großzügigkeit.

Sollte es nicht besser heißen: Ohne Lüge bedürften wir der Wahrheit gar nicht, ohne Geiz nicht der Großzügigkeit, ohne falsche Gerechtigkeit nicht der wahren? Sie wären selbstverständlich. Tief in sich spürt und empfindet der Mensch das Gute, das Richtige, das Schöne, die Liebe. Doch statt diesem Gefühl zu vertrauen, sucht er – weil er es so gelernt hat – ständig nach gegenteiligen Empfindungen in sich und seinen Mitmenschen, in der irrigen Annahme, das Gute nur im Spiegel seiner Verzerrung herausstellen zu können.«

»Noch eine Frage, Maria: Wäre das, was Sie beschreiben, das ausschließlich Gute, auch auf der Erde möglich?«

»Aber natürlich, Pater! Es gab und gibt auch immer wieder besondere Menschen, die nur das Gute unter ihre Zeitgenossen gestreut haben. Nur waren jene nicht bereit, es zu erkennen und aufzunehmen. Ganz im Gegenteil: Sie waren so überrascht, ja erschrocken ob seines Auftretens, dass sie das Gute und seine Vertreter ablehnten und verfolgten. Aber, mein Lieber, warum so in die Ferne schweifen. Beantworten Sie sich Ihre Frage selbst und vertrauen Sie Ihrer Wahrnehmung. Das, was Sie sehen, was wir beide sehen, ist nur gut: Diese kleine Gruppe in ihren Schlafsäcken singt ein einziges, andauerndes Liebeslied auf die Freundschaft und das Menschsein. Seine Strophen sind Miteinander und Nähe, blindes Vertrauen, Verbundenheit und Freiheit, Gefühl und Mitgefühl, seine Verse erzählen von Verletzlichkeit und Vorsicht, von Öffnung und Rücksicht, von Glauben, von Hoffnung, von Fantasie. Sein wiederkehrender Reim ist die Liebe. So genau man auch suchen wollte, es ist nicht der Funken von etwas Schlechtem zu erkennen.

Sehen Sie einfach hin, Pater: Im Arm meiner kleinen, längst großen, über alles geliebten Julietta meine andere große Liebe, Antonio, mein Mann, der nur deswegen ein wenig rundlicher erscheint, weil sein riesiges Herz so viel Platz beansprucht.«

»Ich sehe sie, Maria, und im anderen Arm der jungen Frau, die wie einst ihre Mutter, so erzählt es Antonio, ganze Räume mit Schönheit, Leben und Freude erfüllt, schläft ein kleiner, längst großer Lateinschüler, mein Freund Mark.«

»Und in der Armbeuge Gabriellas die beiden Zwillinge, Maria und Paul, in ihren von Laura genähten kleinen Schlafsäcken. Sie müssen sich ebenso wie in Abrahams Schoß fühlen, wie Gabriella selbst, die ihren Kopf gebettet hat auf dem wohl bequemsten, denkbaren Kopfkissen, auf Antonios Bauch. Ich bin so froh, dass die beiden sich gefunden haben und Antonio wieder glücklich sein kann.«

»Ähnlich der Professor, der, wie man sieht, sogar im Schlaf wieder zu lächeln gelernt hat, nachdem er auf der langen Suche nach dem Menschsein auf diese Fundgrube gestoßen ist. Gleichsam ein Geschenk für uns beide auch der Anblick Freddys, die sich wie eine kleine Katze in Bonetti verkrochen hat und von ihm, als wäre er ihre zweite Haut, umschlossen wird. Man sieht nur noch ihren zerzausten Wuschelkopf.«

»Nicht zu vergessen, Pater, das Brautpaar in ihrem – dem Anlass angemessenen – bequemen Doppelschlafsack, irgendwie ein Sinnbild verletzlicher Stärke, beide so angreifbar, doch geschützt von ihrer Liebe zueinander und getragen von ihrem Mut, der aus gegenseitigem Vertrauen geboren ist. Ich wünschte, mehr Menschen würden das wagen, was uns zu sehen gerade geschenkt ist.

Und nun begebe ich mich wieder auf Reisen, lieber Pater Paulus. Ich denke, wir werden uns wieder begegnen, es ist sehr schön, Sie um mich zu wissen. Nehmen Sie meine besten Wünsche für alles Kommende mit!«

»Auch Ihnen eine gute Reise, liebe Maria!«

Wäre von den Freunden noch jemand wach, würde er beobachten können, wie sich an dem Punkt, an welchem sich zuvor im Sternenhimmel zwei Spuren kreuzten und dort endeten, jetzt gleichsam aus dem Nichts kommend zwei Spuren voneinander entfernen und nach einer Weile langsam dünner werdend in der Unendlichkeit verschwinden.

Vielleicht könnte er auch eine weitere Reisende entdecken, zwischen allen Unweiten schwebend, wie immer mit neugierigen Augen auf der Suche: Die Fantasie …

P. S.

SOLLTE ES IHNEN, liebe Leser, ähnlich gehen wie mir beim Schreiben, insbesondere zum Ende der Geschichte hin, dass Sie nämlich das Gefühl haben, die Figuren dieses Buchs nicht loslassen zu wollen, und wissen möchten, was die Zukunft für sie bereithält, so möchte ich Ihnen einen letzten kleinen Vorschlag machen:

Versuchen Sie es doch einmal!

Nehmen Sie sich Zeit, legen Sie sich nachts mit ausgebreiteten Armen, den Rücken auf einen angenehmen Untergrund gebettet – vorzugsweise in eine unberührte Wiese aus Sommerblumen oder an einen vom Tag noch warmen Sandstrand –, werfen Sie Ihren Blick und anschließend Ihre Gedanken in den Sternenhimmel und lassen Sie sich von der Fantasie mit auf Entdeckungsreise nehmen.

Ich bin fest davon überzeugt, Sie werden auf kurz oder lang auch unseren Freunden wieder begegnen.

Aber vielleicht begegnen sie Ihnen, oder Menschen, die ihnen ähneln, ja auch in Ihrer unmittelbaren Nähe. Öffnen Sie Ihre Augen! Und: gute Reise!

Thomas Bruckmann
VIERTELGESCHICHTEN

Es sind die kleinen Dinge im großen Ganzen, die das Leben letztlich ausmachen. Im Münchner Viertel Neuhausen sind das die Begegnungen in den Cafés und Kneipen, die alljährlichen Veranstaltungen und vor allem: seine Menschen. Man trifft sich, lächelt, grüßt, plaudert. Man kennt sich und seine Geschichten. Es sind alte Geschichten, aus früheren Leben, und zu diesen entstehen neue: bei spontanen Grillfeiern mit Live-Musik im Hinterhof, während langer Sommernächte auf den Straßen, in den Köpfen aufmerksamer Beobachter.

Eine Hommage an das Viertel Neuhausen, das nicht nur Wohnort, sondern Zuhause ist.

64 S., Hardcover, ISBN 978-3-95780-083-1